雪球 和聪明的投资者一起学习投资

雪球投资经典

聪明的定投

让工薪族理财不再难

金伟民（@持有封基）◎著

中国经济出版社
CHINA ECONOMIC PUBLISHING HOUSE
·北 京·

图书在版编目（CIP）数据

聪明的定投：让工薪族理财不再难 / 金伟民著.
—北京：中国经济出版社，2019.7（2020.9 重印）
ISBN 978-7-5136-5769-3

Ⅰ.①聪… Ⅱ.①金… Ⅲ.①基金—投资—基本知识 Ⅳ.①F830.59

中国版本图书馆 CIP 数据核字（2019）第 141304 号

责任编辑　燕丽丽
责任印制　巢新强
封面设计　任燕飞

出版发行　中国经济出版社
印 刷 者　北京富泰印刷有限责任公司
经 销 者　各地新华书店
开　　本　710mm×1000mm　1/16
印　　张　11.5
字　　数　143 千字
版　　次　2019 年 7 月第 1 版
印　　次　2020 年 9 月第 3 次
定　　价　56.00 元
广告经营许可证　京西工商广字第 8179 号

中国经济出版社 **网址** www.economyph.com **社址** 北京市东城区安定门外大街 58 号 **邮编** 100011

自序

守拙与取巧

2017年我出版《十年十倍——散户也可以学习的量化投资方法》一书后，接到很多读者的反馈。除了鼓励支持外，最多的反馈就是：这本书虽然基本没用到高等数学的知识，但对普通非专业的读者来说还是偏难。何况对于大量的上班一族来说，不是“996”工作已经算是很幸运了；而且为了在自己的专业上有所建树，花费的精力肯定是巨大的；再说了，还要恋爱、结婚、生子……一大堆事情。如果再在投资上花费非常多的精力，既不现实，投入产出比也不高。即使花费了大量的时间研究投资，很多投资者也是输多赢少。那么，怎么能花费不多的时间，通过投资获得至少跑赢银行利息的收益呢？

相对于投资股票，基金具有分散风险的优点。如果选择股票需要取巧，那么选择基金就需要守拙。相对主动性基金来说，指数基金具有透明、费用低的特点。如果选择主动性基金需要取巧，那么选择透明的指数基金就需要守拙。如果择时投资指数基金需要取巧，那么不择时的定投就是守拙。如果定投指数基金止盈需要取巧，那么永远不止盈的定投指数基金就需要守拙。即使这样守拙，我们从沪深300诞生的2002年开始定投，到2019年4月30日，依然取得了总收益率91.80%、年化收益率7.11%的成绩。虽然这个成绩不算优秀，但肯定跑赢了银行理财和绝大部分在股市里的投资者。

如果我们稍微取点巧，投资标的不是沪深300，而是净资产收益率最稳定、最高的食品饮料行业，那么同样“无脑”定投17年，总收益率则从91.80%一下子提高到456.80%，年化收益率从7.11%提高到17.68%。而我们在17年里唯一做的事情，就是选择了食品这个标的后的“守拙”。我们17年里什么都没做，“无脑”的定投帮我们每年赚取了17.68%的收益率，几乎每隔4年我们的资产就实现了翻番，这样的性价比您是否还满意呢？

当然，你如果学会了择时，学会了低估多投，学会了均线定投，学会了价值平均策略，学会了止盈，收益可能会更加理想。我们不是说守拙一定比取巧好。不同的内容，适合不同的人学习使用。没有一种方法是最好的，只有适合自己的方法才是最好的。

就像飞机比汽车快很多，但如果你只有汽车的驾驶执照而直接去开飞机，如果不出现电影里的奇迹，其结果是可想而知。

本书详细讨论了各种定投基金的方法供读者选用，祝读者们能找到最适合自己的方法，在自己的事业和投资上获得双丰收！

目 录

第一章

普通人应该怎么理财

第一节　职场新人的困惑

对于一个踏入工作岗位不久的职场新人，工资是绝大部分人的主要收入来源。省吃俭用是中国人的美德，因此，把钱存入银行成为职场新人最主要的理财方式。在全世界范围，中国人的储蓄率是最高的。据统计，2017 年中国人的储蓄率高达 50%，而美国人的储蓄率只有区区的 0.8%。在 2017 年全球 500 强企业榜单中，银行业排名前四的分别是中国的工商银行、建设银行、农业银行、中国银行。竟然全部是中国的银行，除了中国众多的人口以外，一个很重要的原因就是中国人居高不下的储蓄率。

对我们普通工薪阶层而言，存银行是最基本的理财方式了。那么，银行存款的利息是否能覆盖通货膨胀呢？目前一年期银行存款基准利率是 1.5%，几乎是历史最低，但每年的物价却涨不停。衡量物价涨跌有个指数，叫 CPI，是居民消费价格指数（Consumer Price Index）的简称。它是在特定时段内，度量一组代表性消费商品及服务项目的价格水平随时间而变动的相对数，是用来反映居民家庭购买消费商品及服务的价格水平的变动情况。

存银行这种最基本的理财方式，长期看结果如何呢？我们先来看个例子，如果我们从 1999 年 12 月 31 日开始，每年存入 100 元，到了每年年底继续转存一年，那么到 2018 年 7 月 31 日，这笔钱变成了 156.13 元。同期我们计算了一下 CPI 的涨幅，为了直观地比较，我们做了归一化处理。假定 1999 年 12 月 31 日的 CPI 也为 100，那么到 2018 年 7 月 31 日是 152.99。从表面上看银行利息能抵御 CPI 的增长。但是，请不要高兴得太早，看看周围房价这几年的涨幅，就知道靠存银行来满足我们对美好生活的向往，可能性不大。

第二节　一次性投入股市遇到的问题

如果我们把这笔钱投入股市呢？我们也从 1999 年 12 月 31 日这个当年最后一个交易日开始算起。因为当时只有一个代表股市整体情况的指数——上证指数，所以就以此为例。为了更加清晰地对比，我们同样对上证指数也做了归一化处理。假定 1999 年 12 月 31 日是 100 点，那么到 2018 年 7 月 31 日是 210.48，显然要比一年期存款的收益率高很多，具体见表 1－1 和图 1－1。

表 1－1　1999—2018 年投资上证指数与银行存款

时间	CPI	一年期存款	上证指数
1999－12－31	100.00	100.00	100.00
2000－12－31	101.50	102.25	151.73
2001－12－31	101.20	104.55	120.44
2002－12－31	100.79	106.62	99.35
2003－12－31	104.02	108.73	109.55
2004－12－31	106.51	111.18	92.68
2005－12－31	108.22	113.68	84.96
2006－12－31	111.25	116.54	195.78
2007－12－31	118.48	121.37	385.02
2008－12－31	119.90	124.10	133.24
2009－12－31	122.18	126.89	239.81
2010－12－31	127.80	130.38	205.48
2011－12－31	133.00	134.95	160.94
2012－12－31	136.35	138.99	166.04

续表

时间	CPI	一年期存款	上证指数
2013－12－31	139.76	143.16	154.84
2014－12－31	141.87	147.10	236.70
2015－12－31	144.20	149.31	258.98
2016－12－31	147.20	151.55	227.11
2017－12－31	149.85	153.82	242.00
2018－7－31	152.99	156.13	210.48

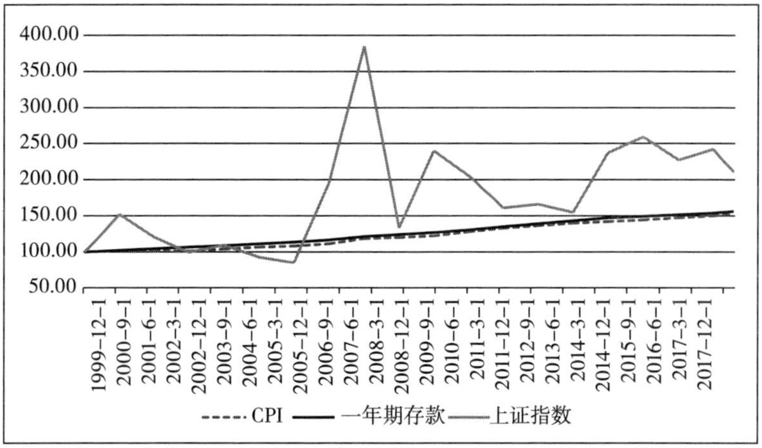

图 1－1　1999—2017 年 CPI、一年期存款、上证指数对比

但是，理想很丰满，现实则很骨感。以上是在 1999 年 12 月 31 日一次存入 100 元的比较，那么，如果我们不幸从 2007 年 10 月底上证指数的最高点开始这笔投入，到 2018 年 7 月底，结果会如何呢？

2007 年 10 月 16 日历史最高点是 6124.04 点，到 2018 年 7 月 31 日当月最后一个交易日，上证指数跌到 2876.40 点，下跌了 53.03%。如果你一次投入发生在 2007 年的 10 月底，那么按照上证指数计算，投资了近 11 年，价格腰斩都不止，投资损失惨重。

有人说我找个低估值一把进去，总不见得那么惨吧？我们假设从 2007 年 10 月 16 日的 6124.04 点开始下跌 50%，到 2008 年 4 月 18 日，上证指数跌到了 3094.67 点，跌了 50% 都不止，如果我们在这天买入上证指数，到 2018 年 7 月 31 日的 2876.40 点，还是下跌了 7.05%。在指数下跌了50%后投资了整整10年都不止，不算通货膨胀，一笔财富竟然账面缩水了7.05%，可见股市风险之大。

以上举的是两个极端情况，有人会说，我的运气不会那么差。那么，如果我们随机投入股市，胜算又有几何呢？

图1-2　标普500与沪深300对比

再来对比两个指数，一个是代表我国最大的300家上市公司的沪深300指数，一个是代表500家美国主流公司的标普500指数。选择从2002年1月22日这一天开始比较。为什么要选择这一天来比较呢？因为这天标普500点位为1119.31，沪深300为1109.99，是两个指数差异最小的一天。当天标普500还比沪深300高了9.32，不到1%。经过了16年多的涨跌，到了2018年10月29日，标普500为2641.25，沪深300为3076.89，沪深300竟然比标普500还高了435.64。但是，为什么大家都觉得在A股要比在美股难盈利呢？

表 1 – 2　投资标普 500 与沪深 300 对比数据

标普 500							
持有时间	1 个月	1 个季度	半年	1 年	2 年	3 年	4 年
盈利天数	2778	2915	3145	3324	3237	2814	2401
亏损天数	1554	1376	1081	771	599	760	914
赢率	64. 13%	67. 93%	74. 42%	81. 17%	84. 38%	78. 74%	72. 43%
平均盈利	0. 58%	1. 67%	3. 62%	8. 09%	16. 42%	23. 61%	32. 04%
沪深 300							
持有时间	1 个月	1 个季度	半年	1 年	2 年	3 年	4 年
盈利天数	2290	2195	2131	2004	1872	2122	2381
亏损天数	2042	2096	2095	2091	1964	1452	934
赢率	52. 86%	51. 15%	50. 43%	48. 94%	48. 80%	59. 37%	71. 83%
平均盈利	0. 86%	2. 75%	6. 95%	17. 95%	16. 42%	49. 76%	68. 64%
赢率差	11. 27%	16. 78%	23. 99%	32. 23%	35. 58%	19. 36%	0. 60%

从图 1 – 2 和表 1 – 2 的对比可以看出，从 2002 年开始，任意一天买入，持有 1 个月到 4 年，标普 500 的平均盈利都不及沪深 300，但赢率比沪深 300 高很多。赢率差异最小的持有 4 年，基本接近，如果再长，沪深 300 就会高于标普 500。但如果持有 2 年，标普 500 的赢率是 84. 38%；而沪深 300 则只有 48. 80%，连一半都不到；赢率差异高达 35. 58%。况且我们很多 A 股股民入市时间往往是在牛市甚至牛市的高峰，而退出往往是在熊市的低谷，这样亏损面就更大了。直接参与中国 A 股的风险之大可见一斑。

第三节　定期投入股市

那么，我们是否应该放弃股市投资呢？再来看看另外一种投资方法——不是一次投入，而是定期投入。如果从 2007 年 10 月 31 日这个历史高点开始，每个月都买进上证指数（这里为了叙述方便起见只是举例，实际上上证指数本身是无法投资的），那么到 2018 年 7 月 31 日，收益率是 6. 63%。虽然收益率不高，但至少是一个正收益，而且其间在 2015 年 6 月底，收益率还曾经达到 82. 22%。重要的是，从 2014 年

11 月开始就没出现过亏损。

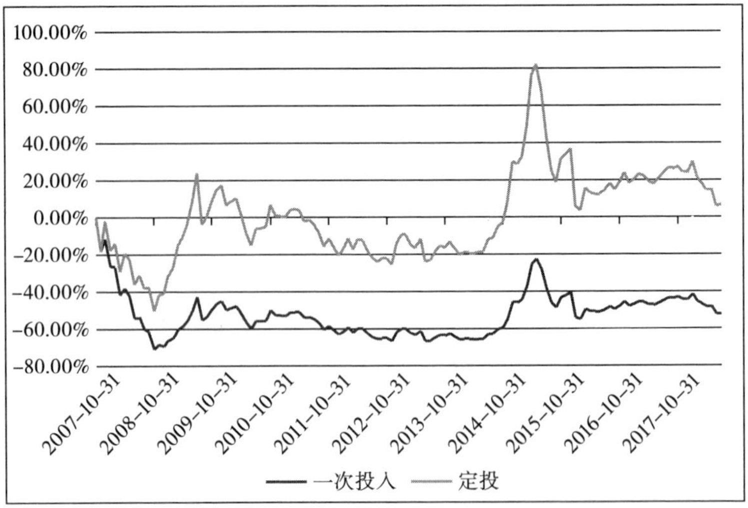

图 1-3　一次投资与定投收益率对比

从历史最高点开始定期买入，都能做到盈利，那么在其他时候开始定期买入，则更加能盈利了。

投资者这种不是在一个时间点一次投入，而是分期投入的投资方法，我们称之为定投。所谓定投，就是定期投资或者定期投入的简称。

那么，为什么定投就能赚钱？定投什么品种好？怎么定投收益率更高？带着这些问题，我们一起来开启学习定投之路。

本章小结

1. 存银行很难跑赢通胀。
2. 一次投资股市风险大。
3. 定投是普通工薪阶层最好的理财方法。

第二章

为什么定投能赚钱

第一节　定投是怎么赚钱的

所谓定投，顾名思义，就是在事先设定的固定时间（如每月 5 日，每周周五）去投资的一种方法。一般来说，如果我们不做特别说明，定投默认是定额的，也就是说每次投入的金额是一样的。

下面先来讨论最简单的定额定投法。

为什么定投能赚钱呢？我们先来看一个最简单的例子，假定你每个月投入 1000 元定投了某只基金，如果连续 4 个月该基金的净值都是 1，那么显而易见，投资了 4 个月一分钱都没赚。那么，如果第 2 个月基金净值涨到 1.01，第 3 个月跌到 0.99，第 4 个月回归 1，情况又会如何呢？如果不经过计算，我们很容易认为，既然第 2 个月涨了 0.01，第 3 个月跌了 0.01，上下对称，那么结果和不涨不跌应该是一样的。实际上到了第 4 个月，虽然净值回到了 1，但累计收益率有 0.005%，具体见表 2－1。

表 2－1　定投收益（情况一）

月份	净值	当月份额	累计份额	累计金额	累计收益率
1	1.00	1000.00	1000.00	1000.00	0.000%
2	1.01	990.10	1990.10	2010.00	0.500%
3	0.99	1010.10	3000.20	2970.20	−0.993%
4	1.00	1000.00	4000.20	4000.20	0.005%

如果把波动从 1% 提高到 10%，那么最终收益率从 0.005% 一下子

提高到了 0.505%，整整增加了 100 倍，见表 2－2。

表 2－2 定投收益（情况二）

月份	净值	当月份额	累计份额	累计金额	累计收益率
1	1.00	1000.00	1000.00	1000.00	0.000%
2	1.10	909.09	1909.09	2100.00	5.000%
3	0.90	1111.11	3020.20	2718.18	-9.394%
4	1.00	1000.00	4020.20	4020.20	0.505%

第二节 定投收益率和波动的关系

针对这个问题，我们来推导一下这个例子中最终收益率和波动的关系。我们假定波动是 X，那么份额就是：$1000/1+1000/(1+X)+1000/(1-X)+1000/1=1000\times[2+1/(1+X)+1/(1-X)]=1000\times[2+2/(1-X^2)]$。显然，最终的收益率是和波动的平方成正比，如图 2－1 所示。

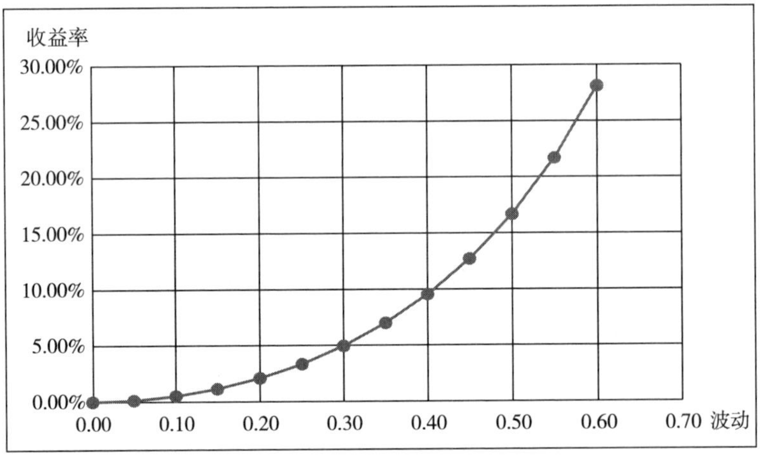

图 2－1 收益率和波动的关系

上述例子说明了只要有足够的波动，即使净值回到原点，定投的收益率都是正的。那么在这个例子中，最后一个月的净值跌到哪里，定投正好不赢不亏呢？经过计算我们知道，在这个例子中第4个月的净值只要达到 $3\times(1-X^2)/(3-X^2)$ 时，最终收益不赢也不亏。

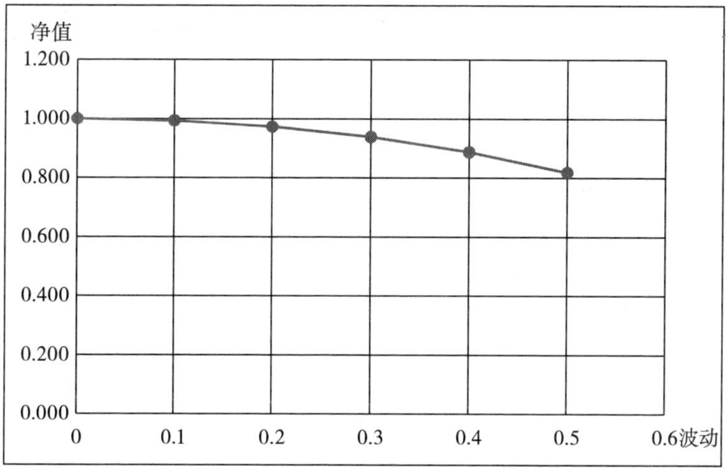

图2－2　净值（第4个月）和波动的关系（最终收益为零）

如图2－2所示，波动如果是0，那么第4个月的净值为1，定投收益率正好为0；如果波动到了0.1，也就是说第2个月净值1.1，第3个月净值0.9，那么第4个月的净值只要到0.993，定投收益率就正好为0了。如果波动增大，比如说到0.5，即第2个月净值1.5，第3个月净值0.5，那么到第4个月净值只要到0.818，定投就可以不亏了。但如果第4个月比前面3个月的最低净值还要低，那无论如何定投都无法避免亏损的结果。

这些最简单的分析告诉我们，定投的收益来自净值整体趋势向上而且有足够的波动。虽然实际的K线不会像案例中那么上下完全对称，但波动越大、收益率越高这个结论并没有变化。

第三节　一次投入和分期定投的差异

那么，如果投资者有一大笔钱，是一次性买入基金好？还是分期定投基金好？我们来仔细推导一下。假定当月为第 0 月，一直定投到 n 月，定投金额为 m，第 0 月的指数为 i_0，第 1 个月的指数为 i_1，以此类推，第 n 月的指数为 i_n。那么，每个月的定投份额 $s_0 = m/i_0$，$s_1 = m/i_1$，以此类推，$s_n = m/i_n$。

如果我们把每个月的指数相对于第 0 个月的指数的涨幅分别定义为 α_0，α_1，…，α_n，那么每月的指数分别为 i_0，$i_0 \times (1+\alpha_1)$，$i_0 \times (1+\alpha_2)$，…，$i_0 \times (1+\alpha_n)$。定投份额分别为 $s_0 = m/i_0$，$s_1 = m/i_1 = m/i_0/(1+\alpha_1)$，$s_2 = m/i_2 = m/i_0/(1+\alpha_2)$，…，$s_n = m/i_n = m/i_0/(1+\alpha_n)$。

累计定投份额 $= s_0 + s_1 + s_2 + \cdots + s_n = m/i_0 \times [1 + 1/(1+\alpha_1) + 1/(1+\alpha_2) + \cdots + 1/(1+\alpha_n)]$。那么，截至第 n 月的价值 $= i_n \times$ 累计定投份额 $= i_0 \times (1+\alpha_n) \times m/i_0 \times [1 + 1/(1+\alpha_1) + 1/(1+\alpha_2) + \cdots + 1/(1+\alpha_n)] = (1+\alpha_n) \times m \times [1 + 1/(1+\alpha_1) + 1/(1+\alpha_2) + \cdots + 1/(1+\alpha_n)]$。而一次投入在 n 月的价值 = 份额 × 第 n 月的指数 $= m \times n/i_0 \times i_n = m \times n/i_0 \times i_0 \times (1+\alpha_n) = m \times n \times (1+\alpha_n)$。

两边 $m \times (1+\alpha_n)$ 抵消后，如果 n 比 $[1 + 1/(1+\alpha_1) + 1/(1+\alpha_2) + \cdots + 1/(1+\alpha_n)]$ 大，那么一次投入收益率高，反之则定投收益率高。如果 α_0，α_1，α_2，…，α_n 都为 0，那么两边都是 n，两者收益率都为 0。如果出现 α_1，α_2，…，α_n 都是小于 0 或者小于 0 的比大于 0 的多，那么定投的效果就比一次投入好。也就是说，如果从高点开始定投，那么效果要好于一次性投入；反之，从低点开始投入，一次投入的效果比定投好。这也和常识吻合。如果中间涨涨跌跌，那么跌的比涨的多，定投的收益率就会高于一次投入；反之，如果涨的比跌的多，那么还是一次投入的收益率高于定投。

我们再来看两个极端的例子，在沪深 300 每月最后一个交易日定投，从最高点开始定投，即从 2007 年 10 月的 5688. 54 点开始定投，显然，定投收益率始终在一次投入收益率的上面，如图 2 –3 所示。

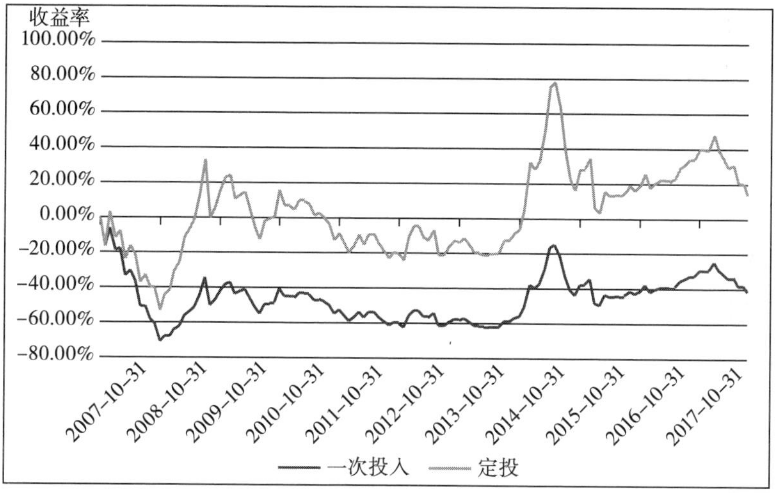

图 2 –3　从最高点定投与一次投入对比

我们再看沪深 300 从最低的 2005 年 5 月 31 日的 855. 95 点开始定投，和上面的情况恰恰相反，不管什么时候，定投收益率始终在一次投入收益率的下面，如图 2 –4 所示。

这两个极端的例子也说明，不是任何时候定投的结果都是最佳的。如果从最高点开始，那么定投的结果肯定好于一次性投入；而如果从最低点开始，那么定投的结果肯定不如一次性投入。

所以，定投不是什么时候都能战胜一次性投入。但是，关键是怎么判断出你投入的这个时候正好是历史的最低点呢？况且绝大部分工薪阶层都没有一大笔现金在手头，而是每个月正常领取工薪，去除日常开销外能结余一些，而这种情况最适合定投了。

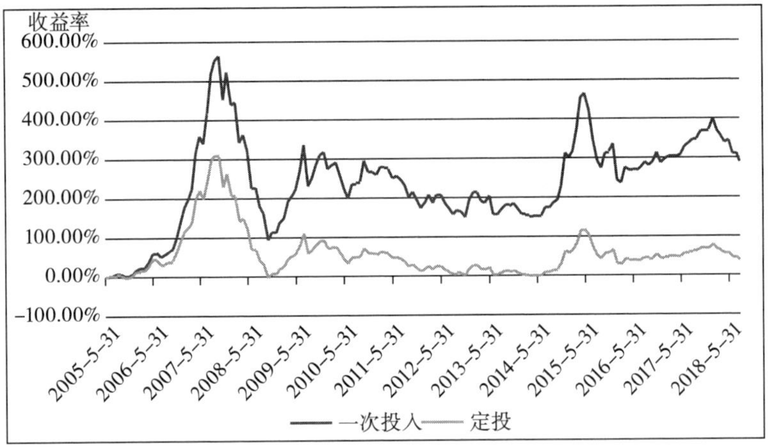

图2-4　从最低点定投与一次投入对比

本章小结

1. 整体向上而且有足够的波动，是定投盈利的根本原因。

2. 不是什么时候定投都能战胜一次性投入，但对每个月都有结余现金的工薪阶层而言，定投是最好的理财方式。

| 第三章 |

定投品种

第一节　定投什么品种好

在投资市场，我们可以选择的品种有基金、股票、债券、黄金等，那么，哪些品种比较适合定投呢？

先来看看股票，对于很多刚踏上工作岗位不久的工薪阶层来说，也许每个月可以结余 1000 ~ 2000 元，但这点钱有时想购买一手白马蓝筹股票都困难，比如从 2016 年开始定投格力电器，以每个月最后一个交易日的收盘价定投到 2018 年 8 月 31 日，一共定投了 32 期，理论上每期 1000 元可以购买 18 ~ 53 股不等，但实际上 A 股最低交易一手是 100 股，而且格力在 2016 年 3—9 月连续停牌了近半年，无法交易。如果按照每期最低 100 股定投，不计算佣金、印花税和冲击成本，理论上定投 32 期，截至 2018 年 8 月 31 日，收益率为 32.47%。但因为在高位买一手的金额要大于低位买一手的金额，所以实际上定投格力 32 期（扣除停牌）的总收益率只有 9.41%，和理论计算值差异甚大，如图 3 – 1 所示。

所以，因为个股的一手起步价、停牌、个股风险等因素，显然，个股不是定投的好标的。

再看债券，债券属于固收类产品，相对于股票，这是一个比较安全的品种，但个债的风险现在也是很大的，如果你对个债没有足够的甄别

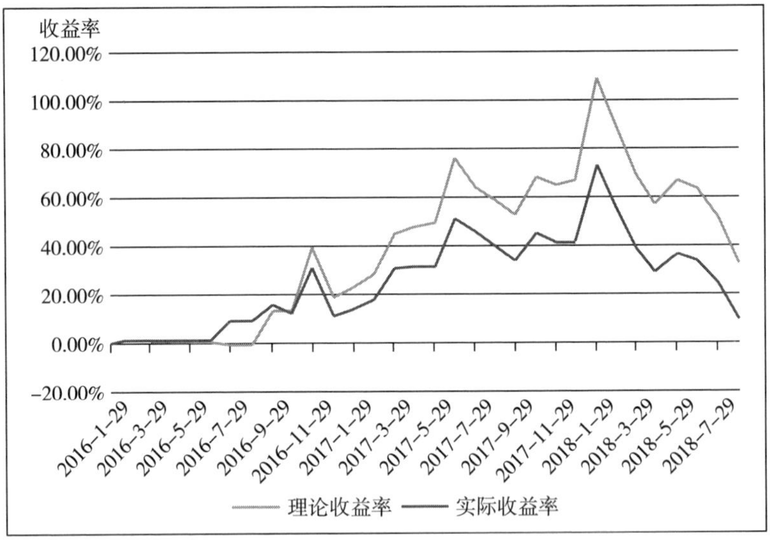

图 3－1　定投格力电器理论与实际收益率对比

能力，还是建议别去定投债券。而且债券的价格波动也不大。债券不像股票，债券是有到期日的，如果定投个债，不仅收益率相对低，而且债券到期后就无法定投了。

最后再看黄金，从 1975 年开始到 2018 年的 40 多年中，2011 年 9 月每盎司黄金 1900 美元（最高价），到 2018 年 8 月，跌到 1200 美元左右。“股神”巴菲特喜欢能够创造财富的资产而不喜欢黄金，因为巴菲特认为黄金和其他没有生产能力的资产，可能能够储值，但是不能创造价值。显然黄金也不是定投的好品种。

相对来说，基金是个比较好的定投产品，很多第三方平台，如蚂蚁基金、天天基金、雪球蛋卷基金等，都可以以 10 元开始定投，最小单位可以是分，而且佣金是标准佣金的一折。通过定投基金，我们可以变相买到很多价格高的好股票，比如贵州茅台。

第二节　低估的指数基金

基金中有两大类，一大类是主动型基金，这些基金的买卖是基金经理主观决定的，其操作是不透明的；另外一大类是指数基金，它们是以跟踪目标指数为目标的，其策略是公开透明的。

那么，在众多的指数基金中，我们选择什么样的指数基金作为定投对象呢？这里介绍一种方法：根据估值来选基金。什么是估值呢？最基本的估值有三种：一种是按照市盈率（PE）计算，一种是按照市净率（PB）计算，还有一种是按照股息率计算。

市盈率（PE）=总市值/过去4个季度归属于母公司的净利润。这个值如果是5，即：如果将来5年里的归母净利润保持不变，投资者5年就可以收回投资成本。这个值越小，说明收回投资的时间越短，估值越低。但如果这个值是负数，也就是归母净利润是负的，就没有意义了。用PE估值有个前提，就是将来的归母净利润保持不变。但实际上人们很难预测企业将来的盈利情况，这是用PE估值的软肋。

市净率（PB）=总市值/归属母公司股东权益合计。举个例子，PB如果等于2，就是说你花了2元钱，买了公司的1元的净资产（不算少数股东权益，净资产就等于归属母公司股东权益合计），大部分情况下PB都大于1，但目前也有很多银行等股票PB小于1，小于1说明市场在打折卖上市公司的资产。

股息率=上一年每股现金分红/股价。不管是PE还是PB，其中的归母净利润、归母股东权益，都是上市公司的季报、年报中提供的，数据均有作假的可能，唯一不可能作假的就是每年的分红。

指数的加权PE的计算，就是把分子的个股的总市值改成指数的所有成分股的总市值合计，分母的个股的过去4个季度归母净利润改成指数的所有成分股的过去4个季度归母净利润的合计。

除了按照PE、PB的绝对值最低或者股息率最高来选取定投的对象外，还可以用相对估值百分位来选取。什么叫百分位估值呢？我们选取一段时间，比如5年（或者10年），把这段时间每天的PE绝对估值从高到低排序，最高的PE就是100%，最低的PE就是0，如果是30%，就是说这段时间内有30%的PE高于这个值，有70%的PE低于这个值，所以百分位估值是一个0~100%的百分数。在Excel函数里，可以用percentrank（数组，某个PE）计算出某个PE在一个数组中的百分位。

我们再来看一个实际的例子，2015年8月31日—2018年8月31日，整整3年，上证50在2015年8月31日的PE只有9.43，沪深300为12.13，中证500为45.91，而中证1000则高达74.49，显然当时上证50的估值是最低的。经过3年的涨跌，上证50的PE增加了0.2，指数上涨了11.94%；沪深300的PE下跌了0.92，指数下跌了0.95%；中证500的PE下跌了25.96，指数下跌了26.84%；而中证1000的PE下跌了51.31，指数下跌高达36.38%。具体数据如表3-1所示。

表3-1　四个股指PE与指数涨跌幅

	上证50	沪深300	中证500	中证1000
2015年8月31日指数	2210.45	3366.54	6581.31	7950.47
2018年8月31日指数	2474.48	3334.50	4814.82	5057.99
指数涨幅	11.94%	-0.95%	-26.84%	-36.38%
定投涨幅	4.74%	-3.49%	-19.89%	-30.25%
2015年8月31日PE	9.43	12.13	45.91	74.49
2018年8月31日PE	9.63	11.21	19.95	23.18
PE变化	0.20	-0.92	-25.96	-51.31

我们再看定投的结果，如图3-2所示，刚开始定投的几个月里，中证1000的定投收益率还是高于上证50等指数的定投，过了一年多后，估值最低的上证50的定投收益率才开始胜出。这也说明了由于市场偏好、惯性等因素，估值低的品种定投不一定胜出，定投需要长期坚持才能看出效果。

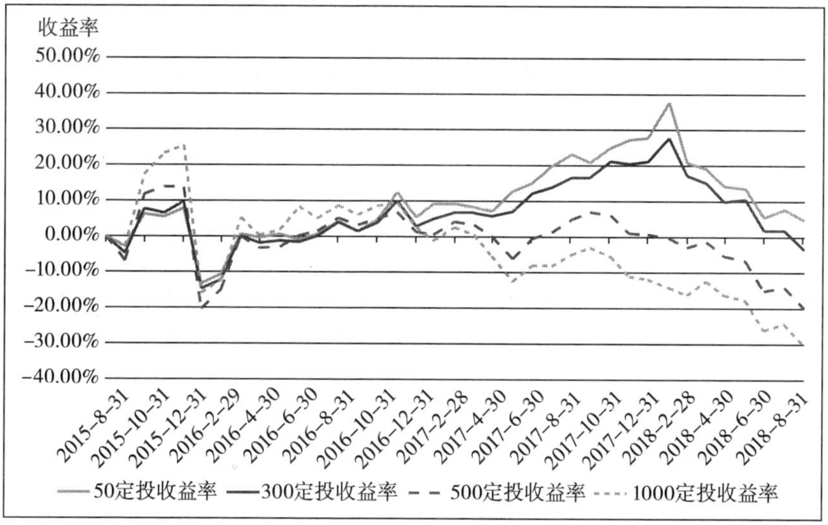

图 3-2　不同指数定投对比

上文是在开始的时候选 PE 估值最低的，3 年后胜出的例子。实际上我们还可以采取轮动定投的办法，即：过了一段时间如果估值最低的品种变成其他的了，那么我们就可以改投其他品种，详细的策略在后文还会进一步讨论。

第三节　高 ROE 指数基金

有人曾经问巴菲特，如果要用一个指标挑选好公司，那应该是哪个指标？巴菲特坚定地回答是净资产收益率，即 ROE（Rate of Return on Common Stockholders' Equity）。

ROE 又称股东权益报酬率/净值报酬率/权益报酬率/权益利润率/净资产利润率，是净利润与平均股东权益的百分比，是公司税后利润除以净资产得到的百分比率，该指标反映股东权益的收益水平，用以衡量公司运用自有资本的效率。指标值越高，说明投资带来的收益越高。该指标体现了自有资本获得净收益的能力。

个股的 ROE = 税后净利润/所有者权益的平均 × 100%

指数的 ROE = 指数成分股的税后净利润合计/指数成分股的所有者权益平均值的合计 × 100%

所有者权益的平均，是指在净利润所在时间段的平均值。一般在 A 股是计算最近 4 个季度的 ROE（企业季报中展示），比如说最近 4 个季度是 2017 年第 3 季度到 2018 年第 2 季度，那么这里的净利润就是这 4 个季度的净利润的合计，所有者权益也是这 4 个季度的平均值。

那么，高 ROE 是如何赚钱的呢？我们先来看个例子，如表 3－2 所示，假定第一年每股归母净利润是 25 元，平均股东权益是 100 元，那么 ROE = 25/100 × 100% = 25%，如果保持每年 25% 的 ROE 不变，每年都不分红，当年的归母净利润全部进入了次年的平均股东权益，而且保持每年的 PE 不变，那么股价每年的涨幅就等于 ROE。如果 PE 估值过高，只要能保持 ROE 不变，那么股价长期还是会跟着 ROE 涨上去的。

表 3－2　ROE、PE 与股价的变动

年	归母净利润	平均股东权益	ROE	PE	股价/元	股价涨幅
1	25.00	100.00	25.00%	8	200.00	
2	31.25	125.00	25.00%	8	250.00	25.00%
3	39.06	156.25	25.00%	8	312.50	25.00%
4	48.83	195.31	25.00%	8	390.63	25.00%
5	61.04	244.14	25.00%	8	488.28	25.00%

当然，上述只是一个极端简化的情况，实际情况比这个要复杂很多，况且次年的权益也不会正好等于前一年的权益加上净利润，但这个规律还是大概率正确的。下面我们再看一个具体的例子。

表 3－3　宽基指数 ROE、PE 与指数涨跌

指数代码	指数名称	15PE	16PE	17PE	18PE	15ROE	16ROE	17ROE	18ROE	3 年涨幅
000001	上证指数	12.20	15.81	16.26	12.10	12.31%	9.71%	10.05%	10.69%	－12.77%
000016	上证 50	9.72	10.30	11.65	9.63	13.96%	10.78%	10.78%	11.51%	23.07%
000300	沪深 300	11.31	13.25	14.16	11.21	13.53%	10.68%	10.99%	11.48%	3.91%
399905	中证 500	20.30	48.19	33.70	19.95	7.32%	6.32%	8.04%	8.63%	－29.02%

续表

指数代码	指数名称	15PE	16PE	17PE	18PE	15ROE	16ROE	17ROE	18ROE	3 年涨幅
000852	中证 1000	23.39	79.28	45.89	23.18	5.69%	5.47%	7.37%	9.07%	-38.81%
399006	创业板指	37.20	50.01	42.33	36.62	13.40%	15.79%	11.54%	10.28%	-30.56%
399393	国证地产	8.91	18.54	14.15	8.86	12.77%	11.20%	11.74%	12.81%	-15.39%
399394	国证医药	28.73	42.10	34.59	28.14	13.99%	14.34%	12.74%	14.41%	12.68%
399396	国证食品	26.06	27.30	30.59	25.53	16.30%	16.26%	17.12%	21.89%	67.45%
399412	国证新能	15.45	23.66	22.45	15.47	8.62%	11.58%	11.28%	10.89%	-25.53%
399439	国证油气	23.48	54.45	35.69	21.35	5.28%	1.85%	3.05%	4.97%	-19.47%
399809	保险主题	14.16	11.79	22.49	13.80	13.46%	10.19%	7.22%	8.88%	57.94%
399812	养老产业	19.98	26.76	27.49	19.75	15.05%	10.50%	11.28%	13.95%	-15.01%
399932	中证消费	26.01	27.20	28.82	25.58	14.05%	14.13%	15.55%	18.34%	47.27%
399935	中证信息	35.11	50.45	42.47	34.61	10.49%	9.95%	10.26%	9.87%	-16.57%
399967	中证军工	54.49	144.11	99.20	52.34	3.80%	3.11%	3.31%	4.37%	-48.05%
399970	移动互联	28.96	53.11	32.80	29.39	12.36%	10.59%	12.85%	11.93%	-27.16%
399971	中证传媒	26.43	51.49	35.01	26.03	11.49%	11.97%	11.68%	10.91%	-51.83%
399974	国企改革	9.40	18.71	16.99	9.43	8.89%	9.01%	9.52%	12.34%	-16.54%
399975	证券公司	18.53	20.49	27.41	19.20	24.14%	10.31%	7.45%	6.10%	-26.04%
399976	CS 新能车	23.72	46.41	40.98	23.21	7.84%	10.25%	9.55%	13.16%	-22.35%
399986	中证银行	6.46	6.16	7.37	6.48	17.56%	15.12%	13.75%	13.21%	22.15%
399997	中证白酒	25.16	23.42	30.12	24.54	20.42%	19.56%	20.38%	26.36%	126.93%
399998	中证煤炭	9.44	147.97	15.40	9.42	2.84%	0.74%	8.28%	10.16%	-7.23%

如表 3－3 所示，我们从 6 个宽基指数和 18 个行业指数的 PE 估值、ROE 和这 3 年（2015 年 8 月 31 日—2018 年 8 月 31 日）的指数涨幅可以看出，在宽基指数中，涨幅最好的上证 50，在 2015 年 8 月 31 日时不但 PE 估值低，而且 ROE 也是在 6 个宽基指数中最高的。而在 18 个行业指数中，PE 估值最低的是中证银行，而且 3 年来还是最低，3 年指数涨了 22.15%，但 ROE 一路下滑，估值始终提不高。2015 年 8 月 31 日 ROE 最高的证券公司，显然是一个周期指数，牛市过了 ROE 一路下滑，导致 3 年下跌了 26.04%；而 ROE 排名第二的中证白酒，ROE 不仅没下跌，还上涨了，最终 3 年涨幅高达 126.93%；ROE 排名第三的国证食品 3 年上涨了 67.45%；其他如医药、消费等上涨的行业，无一不是 ROE 高而且稳定的。

再来看定投的情况，我们选取了国证食品、养老产业、中证消费、中证银行、中证白酒等 5 个高 ROE 的行业指数，从 2015 年 8 月 31 日开始定投到 2018 年 8 月 31 日，其间上证指数从 3205.99 点下跌到

2725.25点，整整下跌15%，而这5个高ROE的指数，定投的收益率除了养老产业亏损了15.70%外，中证银行亏损了1.41%，其他如国证食品定投收益率为27.36%、中证消费定投收益率为19.62%，中证白酒的定投收益率更是高达44.29%，如图3-3所示。

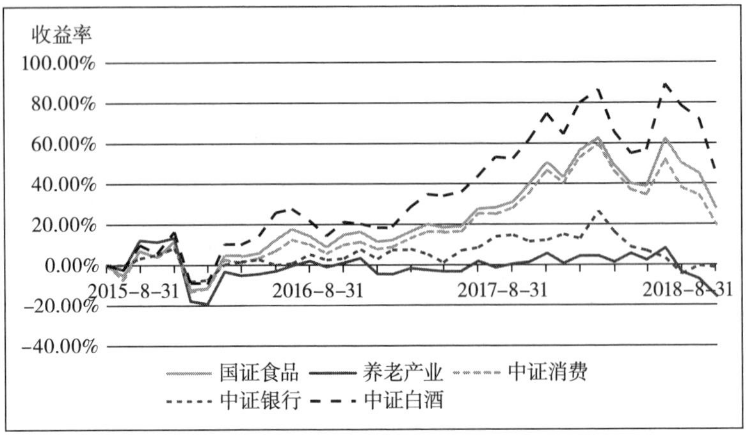

图3-3　高ROE定投收益率对比

具体分析可知，这5个指数3年的PE变化其实不大，平均变化都在1左右，变化大的其实是ROE。养老产业的ROE从2015年8月的15.05%，下降到2018年8月的13.95%，跌去1.1个百分点；中证银行从17.56%一路下滑到13.21%，跌去4.35个百分点。相反，其他几个行业指数，在3年同期中，国证食品从16.30%提高到21.89%，中证消费从14.05%提高到18.34%，中证白酒从20.42%提高到26.36%，在估值基本不变的前提下，高ROE为指数的上涨奠定了基础，这才是定投高ROE指数的根本原因。

从高点定投尚且能盈利，如果从接近底部区域开始定投，3~5年内盈利则是大概率事件。

第四节 低 PE 高 ROE 指数基金

前面我们分别讨论了低 PE、高 ROE 的定投，那么，是否能找到同时满足低 PE、高 ROE 的指数基金呢？先看一下细分农业、能源、有色、机械、化工、医药、食品、地产、金融等 9 个行业指数的情况，如表 3－4、表 3－5、表 3－6 所示。

表 3－4 9 个细分行业 PE 统计

时间	农业	能源	有色	机械	化工	医药	食品	地产	金融
2012－5－24	47.49	12.91	32.33	18.33	22.25	25.69	27.18	16.11	7.78
2012－12－31	37.76	13.36	49.30	18.57	28.31	29.16	18.89	15.42	7.59
2013－12－31	47.64	10.81	66.39	23.74	29.25	32.65	14.94	9.41	5.89
2014－12－31	44.70	14.74	73.58	29.38	28.12	33.04	22.89	17.00	9.16
2015－12－31	61.99	35.90		58.64	47.48	43.02	28.56	23.10	8.24
2016－12－30	26.46	52.75	109.20	43.30	40.85	33.10	27.79	16.87	7.81
2017－12－29	30.38	22.77	52.96	34.42	22.97	33.09	36.03	14.71	9.39
2018－9－11	26.08	16.94	25.25	20.58	15.77	27.42	25.52	8.54	7.57

我们先看 PE（TTM），从整体上说，细分金融从 2012 年 5 月 24 日开始一直是在 10 以下的，而有色、能源、农业等呈现周期性的特点。

表 3－5 9 个细分行业 ROE 统计

时间	农业	能源	有色	机械	化工	医药	食品	地产	金融
2012－5－24	7.82%	13.71%	9.87%	12.77%	11.47%	14.82%	26.17%	12.45%	19.96%
2012－12－31	8.76%	11.57%	5.37%	9.80%	6.91%	13.16%	27.31%	12.72%	19.41%
2013－12－31	7.79%	10.72%	2.72%	7.58%	7.37%	14.21%	23.29%	14.24%	19.11%
2014－12－31	8.35%	9.60%	3.54%	8.56%	9.08%	14.19%	17.38%	12.18%	18.58%
2015－12－31	7.37%	3.14%	－1.34%	5.53%	8.13%	14.45%	15.81%	11.87%	16.96%
2016－12－30	15.58%	2.08%	2.57%	5.80%	8.57%	13.50%	16.28%	11.30%	13.87%
2017－12－29	11.01%	5.06%	5.98%	7.27%	12.79%	14.45%	18.98%	11.40%	12.83%
2018－9－11	9.88%	6.21%	7.28%	7.77%	13.79%	14.50%	20.95%	13.49%	12.67%

比较 9 个行业指数历史的 ROE，金融的趋势最不好，虽然这几年有企稳的迹象；而医药的 ROE 在 6 年多来上下只波动了 1 左右，非常稳定；食品是 9 个行业中 ROE 长期最高的。

表 3－6　9 个细分行业指数涨跌幅

时间	农业	能源	有色	机械	化工	医药	食品	地产	金融
2012－12－31	－7.53%	－14.57%	－10.00%	－17.51%	－14.00%	6.81%	－15.59%	6.29%	7.38%
2013－12－31	22.31%	－28.26%	－36.22%	－0.96%	1.17%	28.80%	－11.44%	－15.45%	－8.22%
2014－12－31	3.64%	18.31%	38.74%	37.95%	19.92%	7.10%	19.92%	73.16%	87.26%
2015－12－31	34.87%	－10.28%	－0.75%	19.95%	49.30%	41.21%	24.17%	38.85%	－10.97%
2016－12－30	－9.46%	－2.58%	－4.54%	－24.15%	－15.83%	－10.21%	6.32%	－18.21%	－8.92%
2017－12－29	－11.46%	1.41%	19.51%	8.37%	5.76%	21.88%	55.62%	9.96%	17.65%
2018－9－11	－22.70%	－16.26%	－34.71%	－29.25%	－20.79%	－8.62%	－14.72%	－24.52%	－17.41%
总收益率	－2.03%	－46.18%	－41.12%	－21.37%	9.83%	108.07%	57.05%	46.67%	45.40%
年化收益率	－0.32%	－9.37%	－8.06%	－3.74%	1.50%	12.33%	7.43%	6.27%	6.12%

我们再来看 9 个指数在这 6 年多的涨幅，排名第一的是医药，PE 估值从 25.69 提高的 27.42，而指数的年化收益率 12.33%，基本和 ROE 的平均值接近。这很好地证明了长期的收益率接近 ROE 这个观点。排名第二的是食品，PE 估值从 27.18 跌到 25.52，指数的年化收益率为 7.43%，小于平均 ROE 是因为估值的下跌。而金融的 PE 估值基本没变，年化收益率 6.12%。一方面是因为 ROE 不断下降，另一方面是因为金融行业中分红占比相对比较多，在价格指数中没体现。

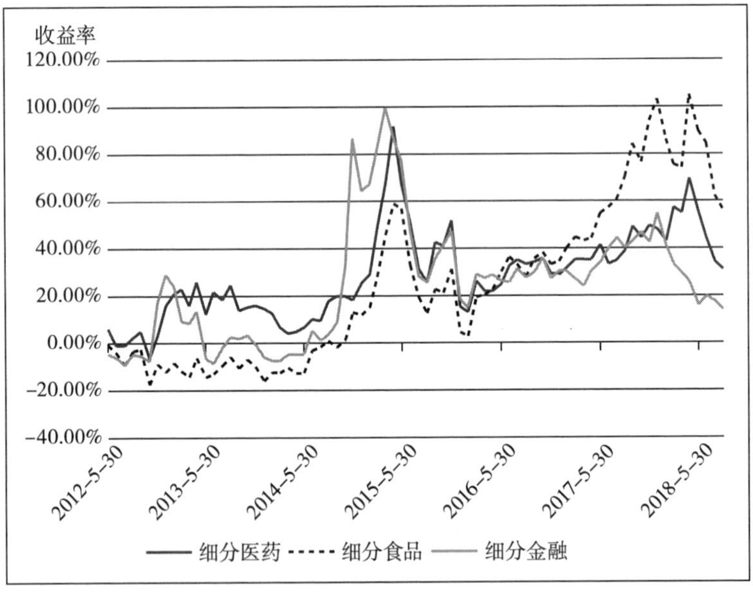

图 3－4　细分领域定投收益率对比

如图 3 – 4 所示，从 2012 年 5 月 30 日开始定投细分领域的医药、食品、金融，6 年多来，虽然医药的指数涨幅超过了食品，但因为食品前期长期趴在低位，使投资者得以买入大量的低价筹码，所以到最后的定投收益率反而是高于医药。

所以，只要是 PE 低估值而且高 ROE 的品种，对定投来说，长期的下跌不是坏事而是好事。中国股市有熊长牛短的特点，反而是定投者的天堂。

第五节　银行指数基金

银行指数是金融指数的重头戏，而且银行指数长期被低估，所以我们现在把目标集中在银行。扣除份额特别小的以及成立不满一年的基金，一共有 7 只银行指数基金跟踪中证银行指数（399986），如表 3 – 7 所示。从整体看，差异不是很大，可以选取份额大而且表现相对稳定的，如招商中证银行等。基金超越指数是因为银行每年分红的影响，中证银行指数（399986）是价格指数，不是全收益指数，分红后价格下跌影响指数。

表 3 – 7　跟踪中证银行（399986）的指数基金表现

基金代码	基金简称	份额	2016 年	2017 年	2018 年	累计
001594	天弘中证银行	1.94	–2.60%	18.08%	–9.67%	3.89%
160418	华安中证银行	5.08	–2.50%	16.14%	–9.64%	2.32%
160517	博时中证银行	1.43	–1.82%	20.98%	–9.09%	7.98%
160631	鹏华银行分级	10.90	–1.98%	15.23%	–10.40%	1.20%
161029	富国中证银行	5.55	–0.75%	16.43%	–10.01%	3.99%
161121	易方达银行分级	2.39	0.61%	18.30%	–11.31%	5.56%
161723	招商中证银行	3.34	0.57%	18.89%	–9.76%	7.90%
399986	中证银行		–4.35%	14.37%	–13.01%	–4.83%

注：截至 2018 年 9 月 11 日。

第六节　医药指数基金

医药也是一个相对稳定、ROE 相对比较高的板块。医药指数比较多，除了前面提到的细分医药指数（000814）外，还有中证医药（000933）、医药 100（000978）、全指医药（000991）、国证医药（399394），从 2014 年开始到 2018 年 9 月 11 日，分别上涨了 44.19%、37.19%、35.53%、51.88%，差异并不大。跟踪这些指数的基金有：富国中证医药（161035）跟踪中证医药指数、天弘中证医药（001550）跟踪医药 100 指数、广发医药卫生（001180）跟踪全指医药指数、国泰国证医药（160219）跟踪国证医药指数。其中，广发医药卫生和国泰国证医药两只基金规模较大，而国泰国证医药基金的成立时间是最长的，成立于 2013 年 8 月 29 日，是分级基金的母基金。即使将来按照资管新规，分级基金到 2020 年年底到期，没有杠杆的母基金大概率还是会保留的。

表 3-8　医药板块指数基金的表现

基金代码	基金简称	指数代码	指数名称	份额	2014 年	2015 年	2016 年	2017 年	2018 年	累计
001180	广发医药卫生	000991	全指医药	9.16			-12.59%	6.60%	-10.27%	-16.39%
001550	天弘中证医药	000978	医药 100	1.99			-14.89%	3.47%	-11.75%	-22.28%
160219	国泰国证医药	399394	国证医药	8.02	3.84%	43.93%	-13.55%	12.51%	-6.49%	35.93%
161035	富国中证医药	000933	中证医药	1.25				4.50%	-4.30%	0.01%
指数										
000933	中证医药				10.06%	42.72%	-12.12%	13.75%	-8.17%	44.19%
000978	医药 100				16.62%	58.02%	-15.61%	1.56%	-13.14%	37.19%
000991	全指医药				12.65%	50.43%	-14.22%	5.10%	-11.29%	35.53%
399394	国证医药				5.48%	53.43%	-12.85%	15.60%	-6.86%	51.88%

注：截至 2018 年 9 月 11 日。

第七节　食品指数基金

食品指数也是一个高 ROE 的板块。食品指数除了细分食品（000815）外，还有食品饮料指数（930653）、国证食品指数（399396）两个。天弘中证食品基金（001631）跟踪的是食品饮料指数，而国泰国证食品（160222）跟踪的是国证食品指数。相对来说，国泰国证食品规模稍大，最近几年跟踪的国证食品指数的表现也优于食品饮料指数。

表 3－9　食品板块指数基金的表现

基金代码	基金简称	指数代码	指数名称	份额	2016 年	2017 年	2018 年	累计
001631	天弘中证食品	930653	食品饮料	1.82	1.85%	36.65%	－16.80%	15.80%
160222	国泰国证食品	399396	国证食品	11.4	5.85%	57.90%	－14.35%	43.15%
指数								
930653	食品饮料				1.42%	37.46%	－15.37%	17.99%
399396	国证食品				5.12%	56.03%	－14.43%	40.34%

注：截至 2018 年 9 月 11 日。

第八节　宽基指数基金

前面讨论的大部分是行业指数基金，相对行业指数的是宽基指数。宽基指数的概念来自美国，原始定义比较复杂，这里不详细介绍了。现在一般公认是相对行业指数来说的没有行业特征的指数，如上证指数、上证 50、沪深 300、中证 500、中证 1000、创业板指数等，其中跟踪沪深 300、中证 500、创业板指数的基金比较多，我们下面来讨论一下。

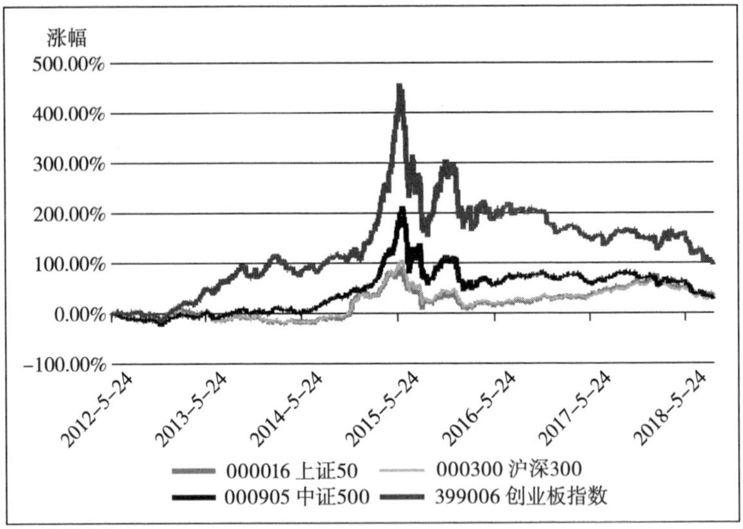

图 3-5 四个指数的涨幅

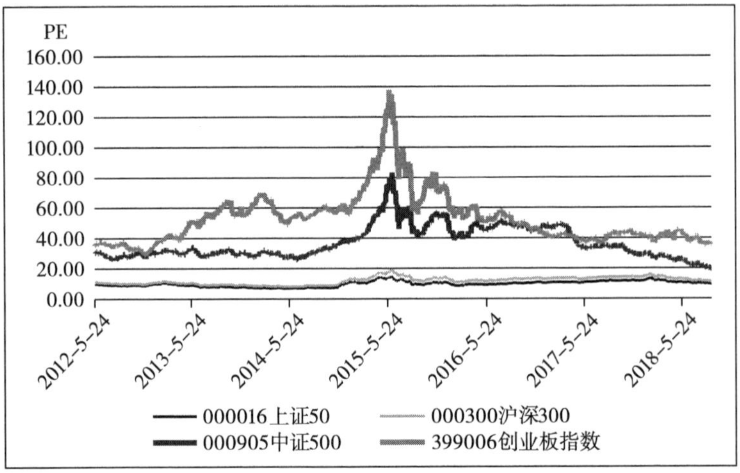

图 3-6 四个指数的 PE

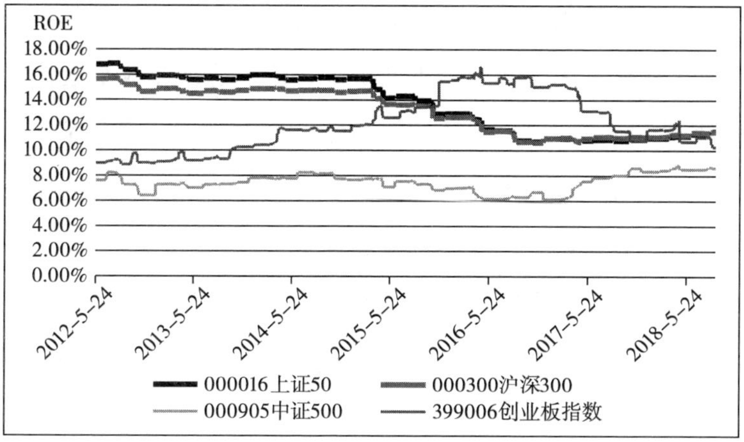

图 3-7　四个指数的 ROE

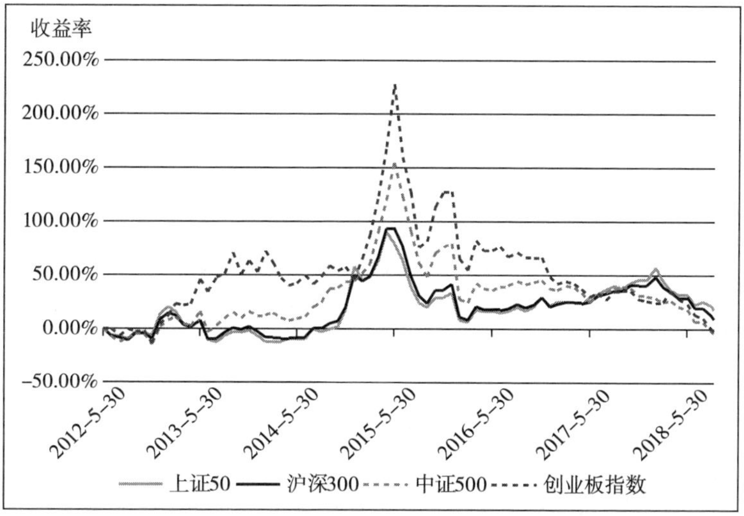

图 3-8　分别定投四个指数的收益率

从图3-5、图3-6、图3-7和图3-8可以看出，沪深300和上证50的重合度比较高，上证50所有的股票都在沪深300的成分股里面，其中90%的股票在沪深300的总市值前100名中。

从4个指数的涨幅比较来看，创业板在2015年上半年上涨最快，但下跌也是最快的，而上证50、沪深300相对比较稳定；在PE上也有类似的地方。而看 ROE，就会发现2015 年上半年，创业板的 ROE 不断上升，而上证 50、沪深 300 则不断下降，这才是创业板指数在 2015 年上半年 PE 估值不断上升，导致价格加速上涨的原因。而创业板指数的 ROE 在 2015 年后不断下降，导致估值跟着不断下降，指数才迎来了一拨加速下跌。

扣除跟踪的基金数量不多且又和沪深 300 指数相似度太高的上证 50 外，沪深 300 指数的估值低，而创业板指数波动大，这都是我们定投的理由，而中证500 在两者之间。下面我们分别来讨论跟踪沪深 300、中证 500、创业板指数的基金以及对应的定投的情况。

第九节　沪深 300 指数基金

如果要问跟踪哪个指数的基金最多，无疑是沪深 300 指数了。到 2018 年 9 月为止，一共有 38 家基金公司发行了跟踪沪深 300 指数的 65 只基金，无愧为基金第一大帮。根据基金公司的 2018 年半年报数据，总共资产规模高达 1425. 39 亿元，如表 3 – 10 所示。

表 3 – 10　跟踪沪深 300 的指数基金

公司	数量/只	规模/亿元	公司	数量/只	规模/亿元	公司	数量/只	规模/亿元	公司	数量/只	规模/亿元
嘉实	3	320. 16	工银	1	25. 52	建信	1	4. 93	汇添富	2	0. 93
华夏	5	288. 43	南方	3	19. 26	申万菱信	1	4. 44	国金	1	0. 79
华泰柏瑞	3	283. 11	大成	1	16. 74	创金合信	2	4. 36	招商	2	0. 75
易方达	3	87. 83	天弘	1	16. 28	鹏华	1	3. 16	长盛	1	0. 52
景顺长城	1	74. 16	国泰	1	16. 26	信诚	1	2. 68	安信	2	0. 40
博时	2	57. 81	兴全	1	15. 92	华宝	1	2. 14	浙商	1	0. 32
平安大华	3	45. 75	华安	3	10. 77	国投瑞银	1	1. 62	中金	2	0. 16
富国	1	36. 45	农银	2	7. 46	国富	1	1. 47	前海开源	1	0. 10
广发	3	30. 37	长城	1	6. 88	银华	1	1. 19	合计	65	1425. 39
中欧	2	28. 84	国寿	2	6. 25	浦银	1	1. 18			

从公司来看，排名前三的是嘉实、华夏、华泰柏瑞，规模都在 300 亿元上下，而第 4 名的易方达就只有 87. 83 亿元了。不足 1 亿元规模的

竟然也有汇添富、国金、招商、长盛、安信、浙商、中金、前海开源等8家基金公司。如此之小的规模，很难生存。

表3-11　跟踪沪深300基金成立时间和规模统计

年份	数量/只	规模/亿元
2003	1	55.54
2004	2	11.32
2005	1	152.94
2006	1	16.74
2007	1	16.26
2008	1	10.46
2009	10	224.67
2010	4	19.04
2011	1	7.46
2012	8	581.45
2013	7	187.30
2014	3	11.07
2015	7	67.24
2016	7	10.09
2017	8	47.53
2018	3	6.28
合计	65	1425.39

注：规模为沪深300基金每年发行额。

从成立年份来看，如表3-11所示，数量最多的是2009年，当年有10只沪深300基金成立，目前的合计规模是224.67亿元，而2012年成立的8家基金目前合计的总规模高达581.45亿元，规模最小的年份是2018、2011、2008，恰恰这三年都是大熊市。

表3-12　按类别划分基金收益率比较

类型	数量/只	规模/亿元	2004年	2005年	2006年	2007年	2008年	2009年	2010年	2011年	2012年	2013年	2014年	2015年	2016年	2017年	2018年
ETF	8	671.9										-4.05%	52.63%	6.85%	-9.05%	23.46%	-18.52%
LOF	1	15.92								-19.79%	9.40%	-4.64%	57.16%	9.51%	0.69%	31.84%	-12.20%
分级	3	6.42							-11.85%	-23.74%	8.54%	-7.45%	45.09%	1.97%	-10.09%	23.87%	-16.81%
联接	10	333.59			119.77%	135.63%	-64.36%	88.38%	-11.88%	-23.26%	8.69%	-5.46%	50.20%	6.85%	-8.18%	22.14%	-17.10%
增强	24	237.72		-6.92%	125.77%	131.32%	-9.37%	11.71%	-5.84%	-17.19%	7.94%	-4.47%	52.42%	12.66%	-4.89%	25.78%	-16.75%
指数	19	159.84	-10.85%	-3.85%	128.10%	134.47%	-63.68%	78.34%	-11.32%	-23.56%	8.65%	-6.26%	50.43%	6.54%	-7.37%	21.67%	-16.00%
平均	65	1425.39	-13.57%	-5.57%	124.55%	138.65%	-56.34%	75.21%	-10.96%	-22.24%	8.52%	-5.65%	51.05%	8.14%	-6.91%	23.74%	-16.76%
沪深300			-16.30%	-7.65%	121.02%	161.55%	-65.95%	96.71%	-12.51%	-25.01%	7.55%	-7.65%	51.66%	5.58%	-11.28%	21.78%	-19.57%

注：各类沪深300指数基金平均收益率，数据截止到2018年9月14日。

从类别来说，剔除一个LOF的特例，从整体说，数量高达24只的增强型基金整体表现最好，如表3-12所示。

表 3－13　24 只增强型基金收益率比较

基金代码	基金简称	公司	资产规模/亿元	2005 年	2006 年	2007 年	2008 年	2009 年	2010 年	2011 年	2012 年	2013 年	2014 年	2015 年	2016 年	2017 年	2018 年
000172	华泰柏瑞量化增强混合 A	华泰柏瑞	54.92										18.76%	19.30%	9.92%	0.35%	-0.13%
000176	嘉实沪深 300 指数增强	嘉实	5.78											7.65%	3.86%	7.76%	2.63%
000311	景顺长城沪深 300 增强	景顺长城	74.16										2.90%	13.40%	10.59%	11.85%	2.35%
000312	华安沪深 300 增强 A	华安	5.89										-6.91%	2.66%	8.26%	8.96%	4.86%
000313	华安沪深 300 增强 C	华安	2.33										-7.85%	1.95%	7.81%	8.38%	4.55%
001015	华夏沪深 300 指数增强 A	华夏	3.24												7.81%	-0.50%	3.71%
001016	华夏沪深 300 指数增强 C	华夏	1.15												7.30%	-1.16%	3.48%
001884	中欧沪深 300 指数增强 E	中欧	27.42												2.65%	-0.29%	3.66%
002310	创金合信沪深 300 指数增强 A	创金合信	2.07												6.60%	2.87%	4.25%
002315	创金合信沪深 300 指数增强 C	创金合信	2.29												7.15%	2.93%	4.19%
003261	安信沪深 300 增强发起式 A	安信	0.36													2.90%	2.27%
003262	安信沪深 300 增强发起式 C	安信	0.04													2.50%	1.98%
003876	华宝沪深 300 增强	华宝	2.14													7.59%	3.04%
004190	招商沪深 300 指数增强 A	招商	0.38														2.51%
004191	招商沪深 300 指数增强 C	招商	0.37														2.29%
005113	平安大华沪深 300 指数量化增强 A	平安大华	0.61														-2.27%
005114	平安大华沪深 300 指数量化增强 C	平安大华	0.08														-2.60%
100038	富国沪深 300 指数增强	富国	36.45						3.51%	7.34%	5.09%	-0.85%	3.73%	15.31%	6.27%	5.30%	7.66%
110030	易方达沪深 300 量化增强	易方达	9.89									3.94%	4.28%	7.09%	9.46%	8.07%	2.98%
166007	中欧沪深 300 指数增强 A	中欧	1.42							2.06%	-0.98%	2.96%	-0.20%	2.25%	2.50%	-0.68%	3.57%
166802	浙商沪深 300 指数增强	浙商	0.32									0.97%	-3.29%	-1.10%	1.01%	3.60%	0.77%
167601	国金沪深 300 指数增强	国金	0.79										-5.52%	-3.19%	1.36%	5.35%	0.70%
310318	申万菱信沪深 300 指数增强	申万菱信	4.44	0.73%	4.75%	-30.23%	56.58%	-85.00%	9.84%	21.66%	-3.67%	12.13%	6.21%	13.66%	9.44%	-0.07%	5.69%
519116	浦银沪深 300 增强	浦银	1.18							0.21%	1.13%	-0.09%	-3.72%	6.03%	6.60%	4.36%	5.62%

注：指数增强基金相对沪深 300 指数的超额收益，数据截止到 2018 年 9 月 14 日。

如表 3－13 所示，24 只增强型基金相对沪深 300 指数的超额收益，如果用最近 5 年每年都有正超额收益来衡量，那么满足这个条件的只有景顺长城（000311）、富国（100038）、易方达（110030）3只增强型基金。而且这3家基金的规模也不小，分别是74.16、36.45、9.89亿元。

表3-14　跟踪沪深300ETF的基金对比

基金代码	基金简称	公司	资产规模/亿元	跟踪误差	成立日期	2013年	2014年	2015年	2016年	2017年	2018年
510300	华泰柏瑞300ETF	华泰柏瑞	223.96	0.03%	2012-5-4	1.85%	-1.60%	0.41%	0.24%	-0.62%	0.67%
510330	华夏沪深300ETF	华夏	176.38	0.03%	2012-12-25	4.33%	-1.92%	3.35%	2.69%	1.92%	1.53%
510360	广发沪深300ETF	广发	14.79	0.04%	2015-8-20				3.71%	2.02%	1.92%
159919	嘉实沪深300ETF	嘉实	161.44	0.03%	2012-5-7	4.61%	2.93%	1.40%	1.89%	1.59%	1.39%
510390	平安大华沪深300ETF	平安大华	45.06		2017-12-25						-1.51%
510310	易方达沪深300ETF	易方达	38.61	0.03%	2013-3-6		2.72%	0.84%	2.14%	2.00%	1.76%
159925	南方开元沪深300ETF	南方	10.60	0.03%	2013-2-18		2.71%	0.35%	2.71%	3.22%	1.56%
510380	国寿安保300	国寿	1.06		2018-1-19						

注：ETF相对沪深300指数的超额收益，数据截止到2018年9月14日。

当然，如果你是专业投资者，需要做套利或者偏爱场内交易，那么可以选择ETF基金。8家沪深300ETF基金也是所有指数中最多的，其中规模最大的还是华泰柏瑞、华夏、嘉实，而且这3家都有6年历史，跟踪误差都在0.03%。嘉实的300ETF在6年中每年都实现了正偏差，值得关注，如表3-14所示。

第十节　中证500指数基金

除了沪深300指数基金外，中证500是另一大类指数基金。截至2018年9月14日，23家基金公司一共发行了37只跟踪中证500的各类基金，如表3-15所示。

表3-15　跟踪中证500的指数基金

公司	数量/只	规模/亿元
南方	5	300.70
广发	3	41.50
建信	2	33.52
华夏	2	21.30
嘉实	2	20.12

续表

公司	数量/只	规模/亿元
平安大华	1	18.37
富国	1	16.31
天弘	1	6.57
华泰柏瑞	1	3.01
景顺长城	1	2.70
信诚	1	2.58
鹏华	1	2.56
泰达	1	2.46
诺安	2	2.02
国寿安保	1	1.99
汇添富	2	1.76
工银	1	1.32
博时	2	1.18
农银	1	0.81
长信	1	0.70
招商	2	0.62
中金	2	0.23
易方达	1	0.09
合计	37	482.42

其中，南方基金发行了5只跟踪中证500的基金，截至2018年上半年，规模高达300.70亿元，远远超过其他基金公司。

表3-16　按发行年份统计的跟踪中证500的指数基金

年份	数量/只	规模/亿元
2009	2	60.27
2010	1	2.56
2011	4	22.16
2012	1	1.32
2013	5	287.10
2014	2	30.29
2015	7	33.96
2016	5	12.03
2017	7	10.00
2018	3	22.73
合计	37	482.42

注：中证500基金每年发行额。

从发行年份来看，2015、2017年各发行了7只跟踪中证500的基金，而2013年发行的规模大，是因为南方中证500ETF这个242.13亿元的“巨无霸”是在这一年发行的。

表 3－17　按类别划分比较

类型	数量	规模/亿元	2010 年	2011 年	2012 年	2013 年	2014 年	2015 年	2016 年	2017 年	2018 年
ETF	10	314.75					39.09%	43.08%	－16.52%	1.04%	－24.69%
分级	3	6.36			－0.98%	15.48%	35.08%	43.34%	－12.32%	5.26%	－21.81%
联接	7	93.98	9.00%	－32.61%	－0.02%	15.91%	35.41%	38.05%	－15.27%	0.50%	－23.21%
增强	7	38.47						64.41%	1.16%	8.23%	－21.34%
指数	10	28.86		－33.24%	－0.82%	16.28%	37.36%	39.95%	－13.43%	4.69%	－22.18%
平均	37	482.42	9.35%	－33.07%	－0.52%	16.00%	37.07%	42.93%	－14.45%	2.88%	－22.97%
中证 500			10.07%	－33.83%	0.28%	16.89%	39.01%	43.12%	－17.78%	－0.20%	－25.29%

注：各类跟踪中证 500 指数基金的平均收益率，数据截止到 2018 年 9 月 14 日。

如表 3－17 所示，从各类跟踪中证 500 的指数基金来看，规模最大的是 ETF，而收益率最高的还是增强型指数基金。不管沪深 300 还是中证 500，增强型基金稳定的超额收益，说明了 A 股市场的有效性并不强。

表 3－18　7 只增强型基金比较

基金代码	基金简称	公司	类型	资产规模/亿元	跟踪误差	成立日期	2015 年	2016 年	2017 年	2018 年
000478	建信中证 500 指数增强 A	建信	增强	29.27	0.19%	2014－1－27	21.29%	18.94%	3.42%	1.24%
002906	南方中证 500 量化增强 A	南方	增强	1.60	0.28%	2016－11－23			11.11%	1.94%
002907	南方中证 500 量化增强 C	南方	增强	1.47	0.28%	2016－11－23			10.75%	1.71%
004945	长信中证 500 指数增强	长信	增强	0.70	0.36%	2017－8－30				7.78%
005062	博时中证 500 指数增强 A	博时	增强	1.07	0.00%	2017－9－26				7.10%
005633	建信中证 500 指数增强 C	建信	增强	4.25	0.00%	2018－3－16				
005795	博时中证 500 指数增强 C	博时	增强	0.11	0.00%	2018－3－31				

注：指数增强基金相对中证 500 指数的超额收益，数据截止到 2018 年 9 月 14 日。

从 7 个中证 500 增强型指数基金来看，建信、南方都是表现非常不错的，如表 3－18 所示。

表 3－19　跟踪中证 500ETF 的基金对比

基金代码	基金简称	公司	类型	资产规模/亿元	跟踪误差	成立日期	2014 年	2015 年	2016 年	2017 年	2018 年
159922	嘉实中证 500ETF	嘉实	ETF	11.31	0.02%	2013－2－6	－0.52%	－3.05%	2.51%	2.07%	0.84%
159935	景顺长城中证 500ETF	景顺长城	ETF	2.70	0.04%	2013－12－26	0.96%	－0.88%	－0.04%	2.45%	2.27%
510500	南方中证 500ETF	南方	ETF	242.13	0.02%	2013－2－6	0.19%	4.45%	1.25%	0.70%	0.65%
510510	广发中证 500ETF	广发	ETF	22.15	0.03%	2013－4－11	－0.30%	－4.34%	1.03%	0.98%	1.05%
510520	诺安中证 500ETF	诺安	ETF	1.02	0.06%	2014－2－7		3.63%	0.79%	－0.89%	0.75%
510560	国寿安保中证 500ETF	国寿安保	ETF	1.99	0.03%	2015－5－29			0.99%	2.07%	0.96%
510580	易方达中证 500ETF	易方达	ETF	0.09	0.16%	2015－8－27			1.89%	－0.91%	－3.54%
510590	平安大华中证 500ETF	平安大华	ETF	18.37		2018－3－23					
512500	华夏中证 500ETF 联接	华夏	ETF	11.98	0.02%	2015－5－5			1.33%	1.08%	0.89%
512510	华泰柏瑞中证 500ETF	华泰柏瑞	ETF	3.01	0.16%	2015－5－13			1.58%	3.67%	1.49%

注：ETF 相对中证 500 指数的超额收益，数据截止到 2018 年 9 月 14 日。

从表 3－19 可以看出，10 只跟踪中证 500ETF 的基金中，南方中证 500ETF 规模最大，跟踪误差最小，而且连续 5 年都获得正偏差，比较适合用来套利和场内交易。

第十一节　创业板指数基金

表 3－20　创业板指数基金表现

基金代码	基金简称	公司	类型	资产规模/亿元	跟踪误差	成立日期	2012 年	2013 年	2014 年	2015 年	2016 年	2017 年	2018 年
001592	天弘创业板 A	天弘	指数	5.35	0.13%	2015－7－8					1.56%	－1.86%	2.38%
001593	天弘创业板 C	天弘	指数	8.74	0.13%	2015－7－8					1.33%	－2.09%	2.25%
002656	南方创业板 ETF 联接 A	南方	联接	4.53	0.10%	2016－5－20						1.90%	1.97%
003765	广发创业板 ETF 联接 A	广发	联接	1.28	0.14%	2017－5－25							2.75%
003766	广发创业板 ETF 联接 C	广发	联接	1.53	0.14%	2017－5－25							2.83%
004343	南方创业板 ETF 联接 C	南方	联接	0.86	0.10%	2017－2－23							1.75%
004744	易方达创业板 ETF 联接 C	易方达	联接	1.85	0.10%	2017－6－2							2.27%
004870	融通创业板指数 C	融通	指数	0.00	0.13%	2017－7－5							2.89%
005287	海富通创业板增强 C	海富通	增强	0.07		2018－4－8							
005288	海富通创业板增强 A	海富通	增强	0.19		2018－4－8							
005390	工银创业板 ETF 联接 A	工银	联接	0.36		2018－3－21							
005391	工银创业板 ETF 联接 C	工银	联接	1.80		2018－3－31							
110026	易方达创业板 ETF 联接 A	易方达	联接	23.41	0.10%	2011－9－20	0.93%	－11.31%	－1.85%	－32.79%	3.42%	－0.15%	2.34%
159915	易方达创业板 ETF	易方达	ETF	129.95	0.11%	2011－9－20		－4.22%	－1.00%	－6.36%	1.63%	0.02%	－0.43%
159948	南方创业板 ETF	南方	ETF	5.71	0.10%	2016－5－13						2.87%	－0.48%
159952	广发创业板 ETF	广发	ETF	7.00	0.05%	2017－4－25							1.49%
159955	嘉实创业板 ETF	嘉实	ETF	0.37	0.03%	2017－7－14							0.02%
159956	建信创业板 ETF	建信	ETF	0.66		2018－2－6							
159957	华夏创业板 ETF	华夏	ETF	0.70		2017－12－8							1.79%
159958	工银瑞信创业板 ETF	工银瑞信	ETF	2.21		2017－12－25							0.99%
160223	国泰创业板指数	国泰	LOF	1.02	0.10%	2016－11－11						－0.76%	2.63%
160637	鹏华创业板分级	鹏华	分级	4.21	0.18%	2015－6－9					0.89%	－2.23%	1.24%
161022	富国创业板指数分级	富国	分级	72.99	0.15%	2013－9－12			－4.02%	－12.98%	－1.15%	－1.86%	2.28%
161613	融通创业板指数 A	融通	指数	7.84	0.13%	2012－4－6		－6.88%	－5.03%	－14.19%	1.69%	－4.93%	2.94%

注：数据截止到 2018 年 9 月 14 日。

创业板指数基金相对沪深 300、中证 500 来说要少很多，总共只有 24 只基金，规模最大的还是 ETF 基金，占整个创业板指数基金的一半，其中易方达的创业板 ETF 就占了整个规模的 46%。不过从相对指数的超额收益来看，创业板相对沪深 300、中证 500 要差一些，最近两年连续有正超额收益率的，在24只基金中，只有南方创业板ETF联接基金A（002656）一只，而增强型指数基金也只有2018年刚成立的海富通创业板增强A/C，是否能有效跑赢指数，还有待时间的检验。

本章小结

1. 指数基金是定投的最佳品种。

2. 在指数基金中，PE等低估的指数基金和ROE高的指数基金都是不错的选择。

3. 宽基指数中的沪深300、中证500，行业指数中，低PE中的银行，高ROE中的医药、食品等都是定投的好品种。

第四章

Smart Beta 指数基金

主动型基金通常会拿自己与相关指数对比，如沪深300。如果基金的收益率超越了指数，那么超越部分的收益就叫alpha收益，而随着指数的上涨而上涨的这部分收益叫beta收益。而主动型基金因为策略不透明，也遭到一部分投资者的诟病。很多指数基金，绝大部分是市值加权，大而不强的成分股影响了指数基金收益。所以最近几年，一种策略完全透明，试图通过各种策略跑赢指数的Smart Beta指数基金开始流行。

一般的主动型基金都是以跑赢指数为目标，那么，到底靠什么因子去跑赢指数呢？在主动型基金中这些是不透明的，而在Smart Beta指数中这些因子都是透明的。目前这些因子有：

（1）价值因子：股票以低于基本面的价格交易。常用指标包括PB、PE、销售收入、现金收入、净利润、现金流等。

（2）小市值因子：小市值公司相对同类型的大市值公司有超额收益。常用指标包括市值系数（全市值或者流通市值）。

（3）低波动率因子：低波动率的股票比高波动股票有更好的收益率。常用指标，如1～3年的波动率的标准方差。

（4）高分红率因子：分红比例高的股票。常用指标，如股息率。

（5）质量因子：债务低、盈利稳定、质量好的公司有超额收益。常用指标，如ROE、盈利稳定性、分红稳定性、资产负债表的质量、金融杠杆、管理层能力、现金流等。

（6）动量因子：过去一个阶段表现好的股票能持续表现好。如过去3～12个月的历史超额收益。

区分这些因子是为了更好地找到超额收益的原因，实际上我们更多的是用多因子而不是单因子，甚至跨市场。下面介绍几个常见的Smart Beta指数以及对应的指数基金。

第一节　基本面50指数

基本面50指数的全称“中证锐联基本面50指数”，是中证指数公司和锐联资产管理公司（Research Affiliates）合作开发的内地首只基本面指数。它是以营业收入、现金流、净资产、分红等四个基本面指数来衡量的经济规模最大的50家A股上市公司作为样本，每年在年中调整一次，其权重不是总资产，所以能避免过大规模的股票影响指数太大的弊端。

从和上证50的对比来看，基本面50在2011、2013、2014、2015、2016、2017、2018等年份均跑赢上证50，仅仅在2010、2012这两年跑输，如表4-1所示。

表4-1　上证50与基本面50对比

代码	000016	000925	160716
名称	上证50	基本面50	嘉实基本面50
2010-12-31	-22.57%	-28.84%	-26.11%
2011-12-30	-18.19%	-15.47%	-14.56%
2012-12-31	14.84%	10.24%	11.28%
2013-12-31	-15.23%	-13.09%	-10.82%
2014-12-31	63.93%	76.91%	77.24%
2015-12-31	-6.23%	4.93%	5.21%
2016-12-30	-5.53%	0.98%	3.87%
2017-12-29	25.08%	26.29%	28.13%
2018-9-28	-8.87%	-6.18%	-3.45%
2016年起	7.68%	19.66%	28.50%
2014年起	65.53%	122.12%	139.61%
2010年起	2.07%	28.02%	50.12%

跟踪基本面 50 指数的基金，目前有嘉实基本面 50（160716），还是一个 LOF，目前场内交易量不大，每天平均才几十万元的交易额，所以还是建议场外申购。不管从 2016 年还是 2014、2010 年开始算起，基本面 50 均战胜了上证 50，且基金也跑赢了指数。当然指数只是一个价格指数，不是全收益指数，但基金基本和指数持平。

第二节 上证 50AH 优选指数

上证 50AH 的成分股和上证 50 完全一样，只不过 50AH 会从 A 股和 H 股中优选相对更便宜的那个股票，每个月做一次轮动，这种跨市场轮动会带来一定的超额收益。

表 4 -2 上证 50 与上证 50AH 对比

代码	000016	950090	501050
名称	上证 50	50AH 优选	华夏 50AH 优选
2016 -12 -30	-5.53%	2.83%	
2017 -12 -29	25.08%	20.71%	24.43%
2018 -9 -28	-8.87%	-5.25%	-3.58%

因为 50AH 优选的数据还比较少，在仅有的不到 3 年的数据中，2016 年、2018 年这两年 50AH 跑赢上证 50，而 2017 年跑输。跑输的大部分原因在于市场短期受偏好、汇率等影响。这个指数的分红比例还是比较高的，所以跟踪 50AH 指数的华夏 50AH 优选，在 2017 年跑赢了 3.72 个百分点，2018 年截至 9 月 28 日跑赢了 1.67 个百分点，如表 4 -2所示。

所以，50AH 能跑赢上证 50，是指长期来说，而不是短期的，短期受市场偏好、汇率等因素影响，剪刀差不仅不缩小，而且还扩大的现象是很难避免的。

第三节　央视 50 财经指数

央视 50 财经指数是由中央电视台财经频道联合北京大学、复旦大学、中国人民大学、南开大学、中央财经大学五大院校，以及中国注册会计师协会、大公国际资信评估有限公司等专业机构，共同评价遴选，它们是从中国 2200 家上市公司中脱颖而出的佼佼者，是在“成长、创新、回报、公司治理、社会责任”5 个维度中表现优异的上市公司榜样。以此为基础，发布“央视财经 50 指数”。因为这 5 个维度有人为因素，所以严格来说不能算 Smart Beta 指数。

表 4－3　沪深 300 与央视 50 指数对比

代码	000300	399550	165312	217027
名称	沪深 300	央视 50	建信央视 50	招商央视 50
2011－12－30	－25.01%	－19.64%		
2012－12－31	7.55%	11.69%		
2013－12－31	－7.65%	2.76%		
2014－12－31	51.66%	26.66%	26.05%	26.27%
2015－12－31	5.58%	15.60%	17.57%	14.18%
2016－12－30	－11.28%	－2.47%	－2.73%	0.41%
2017－12－29	21.78%	45.43%	49.53%	42.89%
2018－9－28	－14.69%	－14.14%	－11.39%	－11.15%
2016 年起	－7.83%	21.78%	28.88%	27.48%
2014 年起	47.59%	78.32%	91.00%	83.79%

如表 4－3 所示，央视 50 指数和沪深 300 对比，从 2011 年开始的不到 8 年中，只有 2014 年是跑输沪深 300。跟踪央视 50 指数的基金目前有两只，一只是建信央视 50，一只是招商央视 50，都是在 2013 年成立，相对差异不大，但建信的份额规模高达 14 亿元，而招商的才 1 亿多元。

第四节 沪深 300 价值指数

沪深 300 价值指数是从沪深 300 指数的 300 只成分股里选取了 100 只价值因子最高的股票，价值因子包含 4 个变量：

（1）股息率：过去一年现金红利与过去一年日均总市值的比。

（2）每股净资产和价格的比率：最近一期报表中净资产与过去一年日均总市值的比。

（3）每股净现金流和价格的比率：过去一年净现金流和过去一年日均总市值的比。

（4）每股收益与价格的比率：过去一年净利润和过去一年日均总市值的比。

将 4 个价值因子评分均值排名，最高的 100 只股票作为沪深 300 价值指数的样本股票。

如表 4－4 所示，目前跟踪沪深 300 价值指数的基金有两只：一只是申万菱信沪深 300 价值（310398），2010 年 2 月 11 日成立；另一只是银河沪深 300 价值（519671），2009 年 12 月 28 日成立。两只基金成立时间差异不大，规模都在 3 亿元左右。两只基金均能跑赢沪深 300 和 300 价值指数，而 300 价值指数相对沪深 300 指数，除了 2010 年、2013 年、2015 年这 3 年跑输外，其他年份均跑赢沪深 300，而且无论从 2010 年、2014 年还是 2016 年起，均大幅度跑赢了沪深 300 指数。

表 4－4 沪深 300 与 300 价值对比

代码	000300	000919	310398	519671
名称	沪深 300	沪深 300 价值	申万菱信 300 价值	银河 300 价值
2010－12－31	－12.51%	－24.02%	－16.40%	－15.98%
2011－12－30	－25.01%	－18.00%	－16.39%	－17.72%
2012－12－31	7.55%	13.06%	14.59%	13.44%

续表

代码	000300	000919	310398	519671
名称	沪深 300	沪深 300 价值	申万菱信 300 价值	银河 300 价值
2013 - 12 - 31	-7.65%	-11.82%	-8.90%	-9.17%
2014 - 12 - 31	51.66%	63.50%	60.71%	64.38%
2015 - 12 - 31	5.58%	4.97%	5.05%	3.75%
2016 - 12 - 30	-11.28%	-4.74%	-2.43%	-2.55%
2017 - 12 - 29	21.78%	32.33%	36.30%	34.77%
2018 - 9 - 28	-14.69%	-8.91%	-4.67%	-4.63%
2016 年起	-7.83%	14.83%	26.78%	25.25%
2014 年起	47.59%	97.07%	114.03%	113.61%
2010 年起	-3.83%	22.42%	56.17%	52.16%

如表 4 - 5 所示，我们再对比一下不透明的 300 增强型基金和透明的两只——申万菱信 300 价值基金和银河 300 价值基金，从 20 只 300 增强型基金的平均值和这两只 300 价值基金的对比来看，除了 2013 年、2015 年这 2 年 300 增强型基金的平均值跑赢了 300 价值外，在 2012 年、2014 年、2016 年、2017 年、2018 年这 5 年，不透明的 300 增强型均跑输了透明的 300 价值基金。2016 年起的不到 3 年累计收益率比较，300 增强型表现最好的是景顺长城 300 增强（000311），累计收益率为 16.38%，而同期申万菱信 300 价值（310398）则高达 26.78%，银河 300 价值（519671）高达 25.25%。如果从 2014 年算起，增强型的平均值是 80.10%，一样跑输两只 300 价值基金，只有收益率最高的华泰柏瑞和景顺长城两只跑赢了 300 价值，如果从 2012 年开始算起，最高的富国沪深 300 增强为 118.78%，还是跑输了两只 300 价值。

综合来说，透明的 300 价值整体上似乎比不透明的 300 增强指数基金表现更好一些，特别是最近几年外资影响越来越大，价值投资趋势越来越明显的今天，沪深 300 价值的表现走强似乎是可以预计的。沪深 300 价值指数基金在定投时是一个值得考虑的品种。

表 4 - 5　300 增强型基金和申万菱信 300 价值基金、银河 300 价值基金对比

基金代码	基金简称	公司	资产规模/亿元	2012 年	2013 年	2014 年	2015 年	2016 年	2017 年	2018 年	2016 年起	2014 年起	2012 年起
000172	华泰柏瑞量化增强混合 A	华泰柏瑞	54.92		3.10%	70.42%	24.88%	-1.36%	22.13%	-10.80%	7.46%	128.69%	
000176	嘉实沪深 300 指数增强	嘉实	5.78			0.19%	13.23%	-7.42%	29.54%	-11.89%	5.67%	19.88%	

续表

基金代码	基金简称	公司	资产规模/亿元	2012 年	2013 年	2014 年	2015 年	2016 年	2017 年	2018 年	2016 年起	2014 年起	2012 年起
000311	景顺长城沪深 300 增强	景顺长城	74.16		1.90%	54.56%	18.98%	-0.69%	33.63%	-12.30%	16.38%	114.03%	
000312	华安沪深 300 增强 A	华安	5.89		-2.80%	44.75%	8.24%	-3.02%	30.74%	-10.08%	14.01%	78.63%	
000313	华安沪深 300 增强 C	华安	2.33		-3.00%	43.81%	7.53%	-3.47%	30.16%	-10.42%	12.55%	74.05%	
001015	华夏沪深 300 指数增强 A	华夏	3.24				21.20%	-3.47%	21.28%	-10.85%	4.37%		
001016	华夏沪深 300 指数增强 C	华夏	1.15				20.70%	-3.98%	20.62%	-11.16%	2.89%		
001884	中欧沪深 300 指数增强 E	中欧	27.42				13.11%	-8.63%	21.49%	-11.19%	-1.42%		
002310	创金合信沪深 300 指数增强 A	创金合信	2.07					-4.68%	24.65%	-10.81%	5.97%		
002315	创金合信沪深 300 指数增强 C	创金合信	2.29					-4.13%	24.71%	-10.88%	6.55%		
003261	安信沪深 300 增强发起式 A	安信	0.36					0.65%	24.68%	-13.09%	9.06%		
003262	安信沪深 300 增强发起式 C	安信	0.04					0.62%	24.28%	-13.40%	8.29%		
003876	华宝沪深 300 增强	华宝	2.14					-0.71%	29.37%	-10.93%	14.41%		
100038	富国沪深 300 指数增强	富国	36.45	12.64%	-8.50%	55.39%	20.89%	-5.01%	27.08%	-6.39%	13.00%	112.27%	118.78%
110030	易方达沪深 300 量化增强	易方达	9.89	11.30%	-3.71%	55.94%	12.67%	-1.82%	29.85%	-12.37%	11.72%	96.28%	110.36%
166007	中欧沪深 300 指数增强 A	中欧	1.42	6.57%	-4.69%	51.46%	7.83%	-8.78%	21.10%	-11.30%	-2.02%	60.03%	62.54%
166802	浙商沪深 300 指数增强	浙商	0.32	-3.60%	-6.68%	48.37%	4.48%	-10.27%	25.38%	-14.00%	-3.25%	49.98%	34.93%
167601	国金沪深 300 指数增强	国金	0.79		5.50%	46.14%	2.39%	-9.92%	27.13%	-15.91%	-3.70%	44.09%	
310318	申万菱信沪深 300 指数增强	申万菱信	4.44	3.88%	4.48%	57.87%	19.24%	-1.84%	21.71%	-9.77%	7.80%	102.92%	120.24%
519116	浦银沪深 300 增强	浦银	1.18	8.68%	-7.74%	47.94%	11.61%	-4.68%	26.14%	-9.19%	9.19%	80.28%	80.77%
	增强型平均			6.58%	-2.01%	48.07%	13.80%	-4.13%	25.78%	-11.34%	6.95%	80.10%	87.94%
310398	申万菱信 300 价值	申万菱信	5.24	14.59%	-8.90%	60.71%	5.05%	-2.43%	36.30%	-4.67%	26.78%	114.03%	123.43%
519671	银河 300 价值	银河	3.94	13.44%	-9.17%	64.38%	3.75%	-2.55%	34.77%	-4.63%	25.25%	113.61%	120.10%

第五节 中证 500 行业低波动指数

中证 500 行业低波动指数，简称 500SNLV，是在中证 500 成分股的基础上，按照波动率的倒数排序并考虑行业中性，选取前 150 只股票作为成分股，并按照波动率的倒数分配权重，波动率越小的成分股占有的权重越高。从 2008 年开始 500SNLV 和中证 500 的收益率对比来看，只有 2012 年 500SNLV 跑输了中证 500 约 0.87 个百分点，在其余的 10 年中 500SNLV 均跑赢了中证 500，如表 4-6 所示。

表 4-6 500SNLV 和中证 500 对比

代码	000905	930782	003318
名称	中证 500	500SNLV	景顺中证 500 行业低波动
2008-12-31	-60.80%	-52.49%	
2009-12-31	131.27%	134.46%	

续表

代码	000905	930782	003318
名称	中证 500	500SNLV	景顺中证 500 行业低波动
2010-12-31	10.07%	10.86%	
2011-12-30	-33.83%	-24.16%	
2012-12-31	0.28%	-0.59%	
2013-12-31	16.89%	27.63%	
2014-12-31	39.01%	57.37%	
2015-12-31	43.12%	50.11%	
2016-12-30	-17.78%	-13.39%	
2017-12-29	-0.20%	3.69%	3.39%
2018-9-28	-23.20%	-22.10%	-18.78%
2016 年起	-36.98%	-30.04%	
2014 年起	25.37%	65.26%	
2011 年起	-2.75%	59.03%	
2008 年起	-2.97%	96.40%	

但是，跟踪 500SNLV 指数的基金很少，目前为止只有成立于 2017 年 3 月 3 日的景顺长城中证 500 行业中性低波动指数基金（003318），目前看跟踪效果还不错，跟踪误差为 0.06%。但由于时间太短，而且可比较的 500 增强基金也是数量少、时间短，因此暂时作为观察。

第六节　深证 F60、F120 指数

前面讲的都是上证或者全市场的，那么有没有深证的策略指数？有，深证 F60、F120 就是深证的基本面策略指数。

它是在整个深圳市场中剔除了一年平均交易金额排名后 20% 的股票，按照如下因子选择。

（1）营业收入：公司过去 5 年营业收入的平均值。

（2）现金流：公司过去 5 年现金流的平均值。

（3）净资产：公司在定期调整时的净资产。

（4）分红：公司过去 5 年分红总额的平均值。

然后算出各自相对整个深圳市场的百分比后，将 4 个指标算术平均

后排序，选出的前 60 名股票就是深圳 F60 指数，前 120 名股票就是深证 F120，还有一个深证 F200 就是前 200 名，不过效果不是太好，所以不太常用。

表 4－7　F60、F120 和深证成指的对比

代码	399001	399701	159916	399702	159910
名称	深证成指	深证 F60	建信深证 60ETF	深证 F120	嘉实深证 120ETF
2012－12－31	2.22%	2.09%	0.73%	0.83%	2.64%
2013－12－31	－10.91%	－8.13%	－6.38%	－6.42%	－7.59%
2014－12－31	35.62%	53.74%	54.88%	52.22%	51.79%
2015－12－31	14.98%	17.76%	18.45%	20.72%	25.04%
2016－12－30	－19.64%	－3.24%	－4.45%	－5.04%	－6.21%
2017－12－29	8.48%	41.79%	45.17%	34.39%	33.56%
2018－9－28	－23.91%	－17.68%	－15.88%	－19.39%	－16.38%
2016 年起	－33.67%	12.94%	16.68%	2.87%	4.75%
2014 年起	3.44%	104.46%	114.05%	89.02%	98.81%
2011 年起	－5.80%	91.78%	101.86%	78.37%	88.57%

从 F60、F120 和深证成指的对比我们可以看到，除了 2012 年 F60、F120 跑输深证成指外，从 2013 年开始，F60、F120 已经连续 6 年跑赢了深证成指。无论从哪一年开始，深圳基本面指数都大幅度跑赢了深证成指，而且 F60 除了 2013 年、2015 年两年跑输 F120 外，其他 4 年都跑赢了 F120，这也从另一个侧面说明了这个基本面排序是有效的。

不过跟踪深证 F60、F120 的都是 ETF 基金，对散户来说无法申购，只能在场内买卖。跟踪深证 F60 的是建信深证 60ETF，跟踪深证 F120 的是嘉实深证 120ETF，每天的交易量只有几十万元，资金量一大就无法买卖了。而且建信深证 60ETF 目前的份额还不到 1 亿元，规模偏小。

第七节　红利指数

分红是回报投资者的一个最透明的方式，说得极端点，任何财务指标都可能造假，唯独分红不可能造假。目前常用的红利指数有上证红利

指数（000015）、深证红利指数（399324）、中证红利指数（000922）、标普 A 股红利指数（CSPSADRP）4 只，我们来看看其中的差异，如表 4－8 所示。

表 4－8　4 只红利指数的基本情况

代码	000015	399324	000922	CSPSADRP
指数	上证红利	深证红利	中证红利	标普 A 股红利
市场	上海	深圳	跨市场	跨市场
成分股数量（只）	50	40	100	100
加权方式	股息率加权	流通市值加权	股息率加权	股息率加权
筛选指标	现金分红筛选（连续 2 年现金分红且税后现金股息率 > 0）	分红稳定性筛选（最近 3 年中至少 2 年实施分红，且至少 2 年股息率位列市场前 20%）	现金分红筛选（连续 2 年现金分红且现金股息率 > 0）	基本面质量稳定筛选（股票过去 3 年的盈利增长必须为正，且过去 12 个月的净利润必须为正）
选样方法	过去两年平均税后现金股息率降序排名	前三年累计分红金额占深市分红金额比重和最近半年日均成交金额占深市比重按照 1:1 加权排名	过去两年平均税后现金股息率降序排名	年股息率降序排名
权重上限	无	无	无	个股权重不超过 3%，单个 GICS 行业权重不超过 33%

那么，这 4 个红利指数在历史上的表现到底是哪个相对出色呢？

表 4－9　红利指数收益率对比

代码	000300	000015	399324	000922	CSPSADRP	510880	159905	481012	161907	090010	100032	501029
名称	沪深 300	上证红利	深证红利	中证红利	标普 A 股红利	华泰柏瑞上证红利 ETF	工银深证红利 ETF	工银深证红利 ETF 联接	万家中证红利	大成中证红利	富国中证红利增强	华宝标普中国 A 股红利
2008－12－31	－65.95%	－68.93%	－63.86%			－77.53%						
2009－12－31	96.71%	94.33%	104.09%	108.42%	130.64%	151.74%					67.83%	
2010－12－31	－12.51%	－22.41%	－5.53%	－13.28%	2.64%	－25.66%				1.60%	－9.24%	
2011－12－30	－25.01%	－18.47%	－31.48%	－23.57%	－22.25%	－21.30%	－31.14%	－36.91%	－18.51%	－22.05%	－15.69%	
2012－12－31	7.55%	7.06%	4.00%	7.06%	6.46%	7.25%	5.20%	5.60%	6.93%	7.20%	10.09%	
2013－12－31	－7.65%	－11.78%	－5.66%	－10.15%	5.36%	－6.76%	－4.55%	－5.41%	－7.98%	－7.54%	－6.92%	
2014－12－31	51.66%	51.52%	52.53%	51.68%	52.99%	69.97%	55.32%	69.56%	52.30%	51.59%	48.47%	
2015－12－31	5.58%	9.31%	14.44%	26.86%	33.97%	12.53%	15.61%	17.26%	27.09%	25.29%	30.30%	
2016－12－30	－11.28%	－7.57%	－6.61%	－7.64%	－7.15%	－4.64%	－6.54%	－6.51%	－7.45%	－4.49%	－1.13%	
2017－12－29	21.78%	16.31%	46.80%	17.57%	9.69%	21.45%	49.20%	45.84%	18.67%	26.26%	23.24%	9.18%
2018－9－28	－14.69%	－9.80%	－20.37%	－13.51%	－17.51%	－6.26%	－18.89%	－17.89%	－10.55%	－7.90%	－9.13%	－13.98%
2016 年起	－7.83%	－3.03%	9.16%	－6.09%	－15.99%	8.56%	13.09%	11.95%	－1.76%	11.06%	10.72%	
2014 年起	47.59%	60.61%	90.55%	80.71%	72.19%	107.64%	103.07%	122.59%	90.16%	110.94%	114.20%	
2011 年起	9.93%	23.67%	28.09%	32.86%	50.16%	63.41%	40.40%	40.27%	52.47%	62.98%	85.06%	
2009 年起	189.19%	186.48%	246.95%	240.13%	355.48%	305.81%					281.88%	

我们从表 4-9 中可以看出，2018 年在 4 个红利指数中，上证红利下跌最少，而深证红利下跌最多，标普红利次之。但如果从 2009 年开始看，则恰恰相反，标普红利的收益率高达 355.48%，排名第一，而上证红利则只有 186.48%，在 4 个红利指数中垫底。之所以出现这样截然相反的情况，和历史上小市值相对表现好，而最近则大市值表现好有相当大的关系。因为在标普红利选股中有一条权重上限：个股权重不超过 3%，单个 GICS 行业权重不超过 33%，这样就限制了大市值；而上证红利中大市值红利股票比较集中，所以才会出现这样两极分化的情况。从历史上看，绝对偏向大市值和绝对偏向小市值都会出现相反的调整。

我们再看跟踪这 4 个指数的基金：

（1）上证红利指数，只有一个华泰柏瑞上证红利 ETF（510880），场内每天成交额上千万元，流动性不错。

（2）深证红利指数，有一个工银深证红利 ETF（159905），场内日成交额也有上千万元；另外还有一个工银深证红利 ETF 联接基金（481012），可以供场外申购。

（3）中证红利指数跟踪的基金最多，有万家中证红利 LOF（161907），不过场外份额不到 1 亿元，场内日交易额才几万元；大成中证红利（090010）、富国中证红利增强（100032）中，相对来说富国中证红利的历史最悠久，份额也最大，而且表现相对比较好。

（4）标普红利指数，只有一个成立于 2017 年 1 月 18 日的华宝标普中国 A 股红利（501029），场外份额高达 17 亿多元，场内日成交额几百万元。不过有点生不逢时，1 年多时间，截至 2018 年 9 月 28 日，净值才 0.9136 元。目前偏大盘的风格似乎对标普红利指数不利，但将来不好判断。

第八节　中证腾讯济安价值 100 指数

中证腾讯济安价值 100 指数（000847）是由腾讯与中证指数公司、济安金信公司合作开发的，是国内第一只由互联网媒体与专业机构联合发布的证券市场指数。其采用量化策略与专家评审相结合的方法，选择市场价格相对低估的 100 家上市公司股票为样本，并使用等权重的加权方式。该指数样本覆盖 1.1 万亿元左右的总市值及 5000 亿元左右的自由流通市值，其中工业、可选消费、医药卫生 3 个一级行业权重最高，合计占比达 67%。

表 4－10　中证腾安价值 100 与沪深 300 对比

代码	000300	000847	519677
名称	沪深 300	腾讯济安	银河定投宝
2014－12－31	51.66%	41.68%	33.40%
2015－12－31	5.58%	60.09%	36.28%
2016－12－30	－11.28%	－7.49%	－7.04%
2017－12－29	21.78%	2.42%	3.14%
2018－9－28	－14.69%	－22.25%	－17.90%
2016 年起	－7.83%	－26.34%	－21.28%
2014 年起	47.59%	67.08%	43.10%

如表 4－10 所示，相对沪深 300 指数的表现来看，中证腾安价值 100 似乎并不出色，从 2014 年开始的 5 年中，只有 2015 年、2016 年跑赢沪深 300 指数，其余 3 年均跑输；唯一跟踪指数的银河定投宝（519677），累计也跑输了指数，顶着腾讯的名号似乎市场并不买账。主要原因可能是中证腾安价值 100 指数偏小盘，而这两年的风格是大盘股强势。

第九节 淘金 100 指数

中证淘金大数据 100 指数，简称"淘金 100"，是全球首只电商大数据指数，由博时基金、蚂蚁金服、恒生聚源合作编制，由中证指数公司发布。从编制方法来看，该指数以电商商品类目相关中证三级行业的所有股票为样本空间，从中根据综合财务因子、市场驱动因子、聚源电商大数据因子，选取综合评分最高的 100 名作为样本股，并采用等权重计算。

表 4－11 淘金 100 与沪深 300 对比

代码	000300	H30537	001243
名称	沪深 300	淘金 100	博时淘金 100
2014－12－31	51. 66%	116. 25%	
2015－12－31	5. 58%	86. 98%	
2016－12－30	－11. 28%	2. 19%	2. 36%
2017－12－29	21. 78%	14. 84%	12. 45%
2018－9－28	－14. 69%	－16. 67%	－17. 46%
2016 年起	－7. 83%	－2. 20%	－4. 99%
2014 年起	47. 59%	295. 44%	

如表 4－11 所示，从仅有的 4 年多的数据来看，2014 年、2015 年、2016 年 3 年淘金 100 大幅度跑赢了沪深 300 指数，但 2017 年、2018 年连续两年跑输沪深 300，而且唯一一只博时跟踪的指数基金表现也不如指数本身，只有 2016 年略微跑赢指数。2017 年、2018 年连续 2 年博时淘金 100 指数基金跑输指数。因为淘金 100 指数本身透明度比较低，我们不知道什么原因导致最近两年淘金 100 指数跑输沪深 300，也有可能和市值风格有关系。

第十节　综合比较

最后，我们再把相关 Smart Beta 指数做个对比，按照每年排名相加，相对表现最好的是基本面 50 指数（000925）、300 价值指数（000919）。

表 4－12　整体 Smart Beta 指数对比

代码	000925	399550	000919	930782	399701	399702	399324	000922	000015	CSPSADRP	000847	H30537
名称	基本面 50	央视 50	300 价值	500SNLV	深证 F60	深证 F120	深证红利	中证红利	上证红利	标普 A 股红利	腾讯济安	淘金 100
2008－12－31				－52.49%			－63.86%		－68.93%			
2009－12－31			95.94%	134.46%			104.09%	108.42%	94.33%	130.64%		
2010－12－31	－28.84%		－24.02%	10.86%			－5.53%	－13.28%	－22.41%	2.64%		
2011－12－30	－15.47%	－19.64%	－18.00%	－24.16%	－27.97%	－28.89%	－31.48%	－23.57%	－18.47%	－22.25%		
2012－12－31	10.24%	11.69%	13.06%	－0.59%	2.09%	0.83%	4.00%	7.06%	7.06%	6.46%		
2013－12－31	－13.09%	2.76%	－11.82%	27.63%	－8.13%	－6.42%	－5.66%	－10.15%	－11.78%	5.36%		
2014－12－31	76.91%	26.66%	63.50%	57.37%	53.74%	52.22%	52.53%	51.68%	51.52%	52.99%	41.68%	
2015－12－31	4.93%	15.60%	4.97%	50.11%	17.76%	20.72%	14.44%	26.86%	9.31%	33.97%	60.09%	86.98%
2016－12－30	0.98%	－2.47%	－4.74%	－13.39%	－3.24%	－5.04%	－6.61%	－7.64%	－7.57%	－7.15%	－7.49%	2.19%
2017－12－29	26.29%	45.43%	32.33%	3.69%	41.79%	34.39%	46.80%	17.57%	16.31%	9.69%	2.42%	14.84%
2018－9－28	－6.18%	－14.14%	－8.91%	－22.10%	－17.68%	－19.39%	－20.37%	－13.51%	－9.80%	－17.51%	－22.25%	－16.67%
2016 年起	19.66%	21.78%	14.83%	－30.04%	12.94%	2.87%	9.16%	－6.09%	－3.03%	－15.99%	－26.34%	－2.20%
2014 年起	122.12%	78.32%	97.07%	65.26%	104.46%	89.02%	90.55%	80.71%	60.61%	72.19%	67.08%	
2011 年起	79.90%	64.47%	61.12%	59.03%	38.13%	26.84%	28.09%	32.86%	23.67%	50.16%		

其中，基本面 50 指数对应的指数基金为基本面 50（160716），而 300 价值指数对应的指数基金为申万菱信 300 价值（310398）和银河 300 价值（519671）。份额最多的是价值嘉实基本面 50，2018 年第 2 季度季报为 11.8 亿份，其他两个基金均为 3 亿份左右，如表 4－13 所示。

表 4－13　表现较好的三个策略指数与宽基指数对比

	宽基指数			策略指数		策略指数基金		
代码	000016	000300	000905	000925	000919	160716	310398	519671
名称	上证 50	沪深 300	中证 500	基本面 50	300 价值	嘉实基本面 50	申万菱信 300 价值	银河 300 价值
2011－12－30	－18.19%	－25.01%	－33.83%	－15.47%	－18.00%	－14.56%	－16.39%	－17.72%
2012－12－31	14.84%	7.55%	0.28%	10.24%	13.06%	11.28%	14.59%	13.44%
2013－12－31	－15.23%	－7.65%	16.89%	－13.09%	－11.82%	－10.82%	－8.90%	－9.17%
2014－12－31	63.93%	51.66%	39.01%	76.91%	63.50%	77.24%	60.71%	64.38%
2015－12－31	－6.23%	5.58%	43.12%	4.93%	4.97%	5.21%	5.05%	3.75%
2016－12－30	－5.53%	－11.28%	－17.78%	0.98%	－4.74%	3.87%	－2.43%	－2.55%

续表

	宽基指数			策略指数		策略指数基金		
代码	000016	000300	000905	000925	000919	160716	310398	519671
名称	上证 50	沪深 300	中证 500	基本面 50	300 价值	嘉实基本面 50	申万菱信 300 价值	银河 300 价值
2017-12-29	25.08%	21.78%	-0.20%	26.29%	32.33%	28.13%	36.30%	34.77%
2018-9-28	-8.87%	-14.69%	-23.20%	-6.18%	-8.91%	-3.45%	-4.67%	-4.63%
2016 年起	7.68%	-7.83%	-36.98%	19.66%	14.83%	28.50%	26.78%	25.25%
2014 年起	65.53%	47.59%	25.37%	122.12%	97.07%	139.61%	114.03%	113.61%
2011 年起	31.83%	9.93%	-2.75%	79.90%	61.12%	103.17%	86.81%	81.10%
份额/2018 年第 2 季度（亿份）						11.8	3.52	2.71
PE	10.24	11.71	19.91	9.51	8.92			
ROE	11.51%	11.48%	8.63%	12.00%	12.00%			

再比较 PE，2018 年 9 月 28 日，基本面 50 的 PE 为 9.51，300 价值为 8.92，均低于上证 50 的 10.24 和沪深 300 的 11.71，更显著小于中证 500 的 19.19。而不管是基本面 50 还是 300 价值，其 ROE 均高达 12%，大于上证 50 的 11.51% 和沪深 300 的 11.48% 及中证 500 的 8.63%。

我们再看基本面 50 和 300 价值的成分股，基本面 50 有 50 只股票，300 价值有 100 只股票，不管是基本面 50 还是 300 价值，其成分股全部在沪深 300 的 300 只成分股里面。而我们再看沪深 300 的这 300 只成分股截至 2018 年 9 月 28 日的涨幅，算术平均为 -16.43%，而 50 只基本面 50 成分股的平均涨幅为 -4.29%，非基本面 50 成分股的算术平均涨幅高达 -18.89%；再看 300 价值，2018 年涨幅平均为 -10.54%，而非 300 价值平均涨幅高达 -19.53%。

这些数据表明，不管是基本面 50 还是 300 价值，通过策略筛选出的指数，PE 估值低，ROE 高，而且表现超过沪深 300，说明了这些筛选是非常有效的。

最近两年市场偏好大盘股，导致了这些指数上涨，但你要知道，这绝对不是市场心血来潮的偏好，而是中国 A 股受外资影响，慢慢和国际接轨的趋势。

本章小结

1. Smart Beta 指数基金具有费用低、策略公开透明、长期能战胜相应指数的特点。

2. 长期来说，相对表现最好的是基本面 50 指数（000925）、300 价值指数（000919）。

| 第五章 |

主动型基金和 QDII 基金

第一节　主动型基金

我们前面讨论的都是指数型基金。除了指数型基金外，还有一大类主动型基金。所谓指数型基金，本质上就是按照一定的、透明的规则选择的基金，相对而言，主动型基金的操作就不那么透明。巴菲特曾经说过："通过定期投资指数基金，一个什么都不懂的业余投资者竟然往往能够战胜大部分专业投资者。"但巴菲特说的话也要经过分析，在美国，由于直接购买股票的投资者大部分是专业投资机构，市场的有效性非常强，所以留给主动型基金的基金经理们能做出 alpha 收益的空间就非常小，而且时间越长，主动型基金战胜指数基金的可能性就越小。而在中国这种情况恰恰相反，市场里直接投资股票的主力军还是散户，虽然比例有下降的趋势。

我们可以比较一下 2008 年 6 月 30 日—2018 年 6 月 30 日中国这两类基金的收益情况。在这段时间内，主动型基金有 112 只，按照算术平均计算，收益率是 104.17%，按照中位数计算，收益率是 84.65%；同期的 5 个指数型基金，算术平均收益率是 48.85%，中位数收益率是 40.87%。显然，在这段时间内主动型基金跑赢了指数型基金。

之所以出现和巴菲特所说的不一样的结果，除了 A 股市场存在大量的散户以外，另一个重要原因是，我们的市场只有大量的新股 IPO，而几乎没有淘汰机制，导致了大量的劣质股票占据在宽基指数内。为了解决这个问题，一方面诞生了很多以 Smart Bata 策略为基础的增强型指数基金，另一方面诞生了很多把主动型的策略透明化后设立的指数和相应的指数基金，如央视财经 50 指数、标普红利指数及对应的指数基金。这些指数里面用到的如剔除净利润负值、剔除经营性现金流为负等规则，其实都是很多主动型基金采用的规则，主动型和指数型的边界越来越模糊了。

所以，指数型基金具有透明、成本低、流动性好的优点，是我们首选的对象，但也不排斥个别优质的主动型基金。

评价主动型基金千万不要只看最近的表现。最近一年表现最出色的主动型基金往往会陷入“冠军魔咒”，即当年的冠军（或者排名前面的）在下一年往往大概率地跑输市场。主要原因是：A 股市场偏好多变，再加上公募基金表现好后，大量的申购导致基金体量巨大，很难再有上佳的表现。这就是所谓的“冠军魔咒”。

那么，我们应该如何选择适合定投的主动型基金呢？要知道，任何一种方法都不能保证选出的主动型基金在下个年度一定表现出色。

第一，看长期表现。至少看最近一个牛熊周期的表现，这里特别要注意的是个别基金因为份额极小，一次赎回会导致净值突然升高，这种业绩是不可复制的，而且基金规模过小很容易被清盘，不利于长期定投。一般来说，至少要选择 1 亿元以上规模的基金。当然，规模也不是越大越好，如果规模上了百亿元，一般来说也很难有出色的表现。

第二，看基金经理。毋庸置疑，基金经理和基金的长期表现还是密切相关的。基金经理的管理年限，他从事这个行业的年限，在过去管理其他基金的业绩等，都是考量的标准。另外，一个基金经理如果同时管理很多只开放型基金，有可能因为精力有限而导致业绩很难上去。

第三，看基金公司。一般来说，规模大、成立时间长的基金公司比较好。

第四，看基金季报、年报。通过季报、年报中的股票持仓、比例、持仓变化等数据，大致能看出这个基金经理的投资风格。

第五，看评级。现在很多基金平台会发布各大基金的评级，可以作为参考，如比较著名的晨星网（http://cn.morningstar.com/main/default.aspx），有三年评级和五年评级可以参考。另外，天天基金网（http://fund.eastmoney.com/data/fundrating.html）等第三方网站也有基金的评级可以参考。

第六，看基金规模。一般 1 亿元规模以下的基金受个股的影响太大，而 100 亿元以上规模的基金换股不方便，规模太大或者太小都不合适。

第二节 QDII 基金

QDII，是英文“Qualified Domestic Institutional Investor”的缩写，中文为“合格境内机构投资者”，是指在人民币资本项目不可兑换、资本市场未开放的条件下，在一国境内设立，经该国有关部门批准，有控制地允许境内机构投资境外资本市场的股票、债券等有价证券的一项制度安排。

2007 年大牛市期间，为了分散 A 股风险，南方基金在 2007 年 9 月 19 日成立了国内第一只 QDII 基金，短短一个月内，华夏、嘉实、上投摩根等相继成立了 QDII 基金。可惜生不逢时，当时不仅仅是中国 A 股的历史高点，也是全球股市的高点。而且因为不熟悉海外情况，这些基金一窝蜂地买进了港股，导致 11 年来南方全球、嘉实海外、上投亚太 3 只最早的 QDII 基金截至 2018 年 9 月底依然分别亏损了 15.1%、5.4%、22.5%，唯一盈利的华夏全球也仅仅盈利了 6.9%，年化不到 1%。

截至今天，QDII 基金已经有近 200 只之多，其中适合定投的人民币计价的非港股权益类指数基金也有 28 只之多，主要是跟踪道琼斯指数、标普 500 指数和纳斯达克 100 指数，以及相应的行业指数。

表 5－1　适合定投的 28 只 QDII 基金一览

代码	名称	跟踪指数	份额/万	管理费	托管费	销售服务费	申购费	最高赎回费	成立日期	2011 年	2012 年	2013 年	2014 年	2015 年	2016 年	2017 年	2018 年
000179	广发美国房产	MSCI 美国 REIT	9382	0.80%	0.30%		0.13%	1.50%	2013－8－9				26.82%	6.30%	12.94%	－3.04%	3.81%
000369	广发全球医保	标普全球 1200 医疗保健	12336	0.80%	0.25%		0.13%	1.50%	2013－12－10				15.36%	11.77%	－1.14%	11.38%	16.67%
001092	广发纳指生物科技	纳斯达克生物科技	30742	0.80%	0.25%		0.13%	1.50%	2015－3－30						－17.21%	13.26%	18.46%
004243	广发道琼斯石油指数 C	道琼斯美国石油开发与生产	1280	1.00%	0.30%	0.60%	0.00%	1.50%	2017－2－28								21.41%
118002	易基全球 A	标普全球高端消费品	3707	1.20%	0.35%		0.12%	1.50%	2012－6－4		7.60%	31.51%	－3.82%	0.66%	3.72%	26.53%	8.17%
160140	南方道琼斯美国精选 A	道琼斯美国精选 REIT	2359	0.80%	0.20%		0.12%	1.50%	2017－10－26								3.45%
160141	南方道琼斯美国精选 C	道琼斯美国精选 REIT	1362	0.80%	0.25%	0.40%	0.00%	1.50%	2017－10－26								3.16%
160416	华安标普全球石油	标普全球石油净总收益	5291	1.00%	0.28%		0.12%	1.50%	2012－3－29			9.08%	－15.37%	－15.57%	31.24%	－4.29%	17.23%
161126	易方达标普医保	标普 500 医疗保健等权重	2663	0.80%	0.25%		0.12%	1.50%	2016－11－28							10.54%	18.06%
161127	易标普生物科	标普生物科技精选行业	7251	0.80%	0.25%		0.12%	1.50%	2016－12－13							23.15%	16.41%
161128	易标普信息科	标普 500 信息科技	4128	0.80%	0.25%		0.12%	1.50%	2016－12－13							20.76%	22.63%
162411	华宝标普石油 LOF	标普石油天然气上游股票	297931	1.00%	0.28%		0.15%	1.50%	2011－9－29	－2.20%	－3.27%	18.39%	－32.23%	－34.78%	44.24%	－15.41%	21.03%
162415	华宝标普美国	标普美国品质消费股票	17139	1.00%	0.25%		0.12%	1.50%	2016－3－18							12.90%	23.01%
162719	广发道琼斯石油	道琼斯美国石油开发与生产	3441	1.00%	0.30%		0.12%	1.50%	2017－2－28								20.44%
270027	广发标普全球农业	标普全球农业	3378	0.80%	0.25%		0.13%	1.50%	2011－6－28		10.72%	8.19%	5.51%	－6.71%	16.28%	7.90%	1.27%
519981	长信标普 100 等权	标准普尔 100 等权重	2515	1.00%	0.30%		0.14%	1.50%	2011－3－30		11.42%	24.67%	9.10%	2.33%	13.18%	8.32%	8.73%
006075	博时标普 500 联接 C	标普 500	14	0.60%	0.25%	0.35%		1.50%	2018－6－7								
050025	博时标普 500 联接 A	标普 500	18226	0.60%	0.25%		0.12%	1.50%	2012－6－14			28.04%	13.05%	6.64%	16.57%	12.16%	13.64%
096001	大成标普	标普 500 等权重	13977	1.00%	0.25%		0.15%	1.50%	2011－3－23		13.82%	27.26%	11.92%	2.35%	18.19%	9.10%	10.43%
161125	易方达标普 500LOF	标普 500	13546	0.80%	0.25%		0.12%	1.50%	2016－12－2							9.41%	14.28%
513500	博时标普 500ETF	标普 500	29385	0.60%	0.25%			0.50%	2013－12－5				13.38%	6.95%	17.58%	13.02%	14.58%
000834	大成纳指 100	纳斯达克 100	13033	0.80%	0.25%		0.12%	1.50%	2014－11－13					16.30%	8.13%	20.96%	23.21%
040046	华安纳指 100	纳斯达克 100	5226	0.80%	0.25%		0.12%	1.50%	2013－8－2				16.70%	12.56%	9.68%	21.89%	23.03%
160213	国泰纳指 100	纳斯达克 100	17562	0.80%	0.25%		0.15%	1.50%	2010－4－29	－3.10%	15.14%	29.37%	17.36%	17.03%	12.79%	23.98%	23.90%
270042	广发纳指 100	纳斯达克 100	30451	0.80%	0.25%		0.13%	1.50%	2012－8－15			29.53%	16.13%	17.19%	10.89%	23.08%	25.90%
513100	国泰纳指 100ETF	纳斯达克 100	13562	0.60%	0.20%				2013－4－25				17.15%	14.57%	12.71%	23.51%	24.76%
159941	广发纳指 100ETF	纳斯达克 100	26310	0.80%	0.25%				2015－6－10						11.04%	22.47%	24.77%
161130	易方达纳指 100LOF	纳斯达克 100	33310	0.80%	0.25%		0.12%	1.50%	2017－6－23								21.82%

美国的道琼斯工业指数选取的是30家最著名的工业公司的股票，相当于A股的上证50；标准普尔500指数的500家公司覆盖了纽交所、纳斯达克交易所等，成分股由400家工业股票、20家运输业股票、40家公用事业股票和40家金融业股票组成，大致相当于沪深300；而纳斯达克100指数作为纳斯达克的主要指数，其100只成分股均具有高科技、高成长和非金融的特点，在A股很难找到对应的指数，中证500或者创业板指数只能勉强对应。

目前跟踪标准道琼斯指数的A股基金还没有，比较多的是跟踪标普500和纳斯达克100的。

跟踪标普500的基金有5只，其中最早成立于2011年3月23日的大成标普（096001）跟踪的是标普500等权重指数。博时标普500（513500）是一个ETF基金，场内日平均交易额高达几千万元，喜欢做场内交易的可以考虑。而易方达标普500（161125）是一个LOF基金，场内的日交易额只有几十万元，远远不如博时标普500。但博时标普500对一般散户来说无法场内申购，所以博时又开发了博时标普500联接A（050025）和博时标普500联接C（006075）。博时标普500C虽然没有申购费，但有销售服务费，而且因为成立于2018年6月7日，份额只有区区的14万份，不建议申购。

整体来说，如果你选择场内交易买卖标普500，推荐交易量比较大的博时标普500ETF（513500），而如果你选择场外定投标普500，在006075、050025、096001、161125这4只标普500基金中可以选择管理费比较低的050025。

跟踪纳斯达克100指数的有大成、华安、国泰、广发、易方达等5个基金公司发行的7只基金，是数量最多的QDII指数基金。其中成立最早的是国泰纳指100（160213），从2012年起7年平均年化17.74%。ETF有国泰纳指100ETF（513100）和广发纳指100ETF（159941）两只，但场内的交易量方面，国泰的交易量要大于广发至少一个数量级。场内交易可以选择的有国泰纳指 100ETF（513100）、广发纳指 100ETF（159941）、易方达纳指 100LOF（161130）等 3 只，但广发、易方达的交易量都非常小，只有国泰的交易量比较大，可以考虑选择国泰纳指 100ETF（513100）。场外交易可以选择的对象有大成纳指 100（000834）、华安纳指 100（040046）、国泰纳指 100（160213）、广发纳指 100（270042）、易方达纳指 100LOF（161130）等 5 只，其中华安的份额只有 5000 多万元，偏小，国泰、广发成立比较早，业绩相对稳定，而大成、易方达则申购费略低（0. 12%），整体差异不大，都是可以考虑的对象。

如果我们把纳斯达克 100 指数和 A 股的沪深 300、中证 500、创业板指数做个相关度分析，就可以看出，除了个别年份如 2009 年相关度比较高外，很多年份相关度都不高，甚至在 2012 年、2013 年、2017 年、2018 年出现负相关的情况，特别是到了 2018 年，截至 9 月 28 日，出现了严重的负相关，如表 5 - 2 所示。

表 5 - 2　纳斯达克 100 指数与沪深 300、中证 500、创业板指数的相关度分析

年份	沪深 300 涨幅	中证 500 涨幅	创业板指数涨幅	纳斯达克 100 涨幅	和沪深 300 相关度	和中证 500 相关度	和创业板指数相关度
2009	96. 71%	131. 27%	131. 27%	53. 54%	88. 06%	90. 92%	
2010	- 12. 51%	10. 07%	10. 07%	19. 22%	46. 33%	80. 23%	72. 18%
2011	- 25. 01%	- 33. 83%	- 33. 83%	2. 70%	34. 19%	27. 52%	16. 24%
2012	7. 55%	0. 28%	0. 28%	16. 82%	- 37. 95%	- 24. 37%	10. 22%
2013	- 7. 65%	16. 89%	16. 89%	34. 99%	- 49. 63%	73. 62%	89. 66%
2014	51. 66%	39. 01%	39. 01%	17. 94%	73. 82%	87. 09%	58. 01%
2015	5. 58%	43. 12%	43. 12%	8. 43%	29. 40%	49. 20%	60. 22%
2016	- 11. 28%	- 17. 78%	- 17. 78%	5. 89%	77. 55%	72. 17%	6. 09%
2017	21. 78%	- 0. 20%	- 0. 20%	31. 52%	91. 92%	9. 12%	- 49. 06%
2018	- 14. 69%	- 23. 20%	- 23. 20%	19. 25%	- 74. 72%	- 81. 34%	- 78. 45%

再看一下 A 股的主要宽基指数和大于纳指 100 的 ROE 的行业指数的 PE 和 ROE，如表 5 - 3 所示，截至 2018 年 9 月 28 日，纳指 100 的 PE 涨了 10 年，虽然高达 30. 30，但对应的 ROE 也高达 17. 79%，而在我们 A 股没有一个宽基指数的 ROE 是大于 17. 79% 的，大于 17. 79% 的

行业指数只有国证食品、中证消费和中证白酒这 3 个，其实都是和吃相关的。宽基指数 ROE 最高的是上证 50，但 11.51% 还是比标普 500 和纳指 100 低了不少，况且上证 50 的 ROE 全靠银行股，而标普 500、纳指 100 的高 ROE 主要靠的是高科技股。至于将来是 A 股还是美股有希望上涨，只有读者自己去判断了。

表 5－3　相关指数 PE、ROE 对比

指数名称	PE	ROE
上证 50	10.24	11.51%
沪深 300	11.71	11.48%
中证 500	19.91	8.63%
中证 1000	22.85	9.06%
创业板指	35.96	10.28%
国证食品	27.84	21.89%
中证消费	27.83	18.34%
中证白酒	26.90	26.36%
标普 500	25.59	13.56%
纳指 100	30.30	17.79%

本章小结

1. 主动型基金主要看长期表现、基金经理、基金公司、季报年报、评级、基金规模等六个因素。

2. QDII 最主要的品种是跟踪美国标普 500 和纳斯达克指数的指数基金，可以作为一种配置。

第六章

什么时候开始定投

第一节　牛市开始和熊市开始

应该什么时候开始定投呢？这是初学者经常问的一个问题。常识告诉我们，股市跌得越低，定投肯定越合适，但关键是这个底部，事后傻子都能看出来，事先则很难判断。

我们先来看一个例子，采用沪深300指数，每个月最后一个交易日定投一次，到2018年9月底的情况。找两个极限值开始定投，2007年10月31日，沪深300收盘为5688.54点，而到2008年10月31日，经过一年的下跌，沪深300跌到1663.66点，跌幅高达70.75%。我们分别从2007年10月31日和2008年10月31日开始定投，对比一下收益以及差异。

表6-1　高点和低点开始定投的收益对比

时间	最高点开始	最低点开始	差异（百分点）
2008-12-31	-41.26%	4.30%	45.56
2009-12-31	24.25%	44.52%	20.27
2010-12-31	6.65%	15.25%	8.60
2011-12-30	-20.07%	-15.68%	4.39
2012-12-31	-10.27%	-5.77%	4.50
2013-12-31	-15.06%	-11.31%	3.75
2014-12-31	32.26%	37.59%	5.33
2015-12-31	34.64%	38.78%	4.14
2016-12-30	17.61%	20.60%	2.99
2017-12-29	40.08%	42.99%	2.91
2018-9-28	17.56%	19.66%	2.10

如表 6－1 所示，截至 2008 年 12 月 31 日，最高点定投的收益率为 －41. 26%，最低点定投的收益率为 4. 30%，差异高达 45. 56 个百分点。但随着时间的推移，差异越来越小了，到了 2018 年 9 月 28 日，从最高点定投和从最低点定投的差异缩小到 2. 10 个百分点。要知道从 2007 年 10 月 31 日到 2008 年 10 月 31 日，定投标的沪深 300 可是暴跌了 70. 75%，而经过 10 年的定投，高点和低点定投的收益率差距缩小到了只有 2. 10 个百分点。

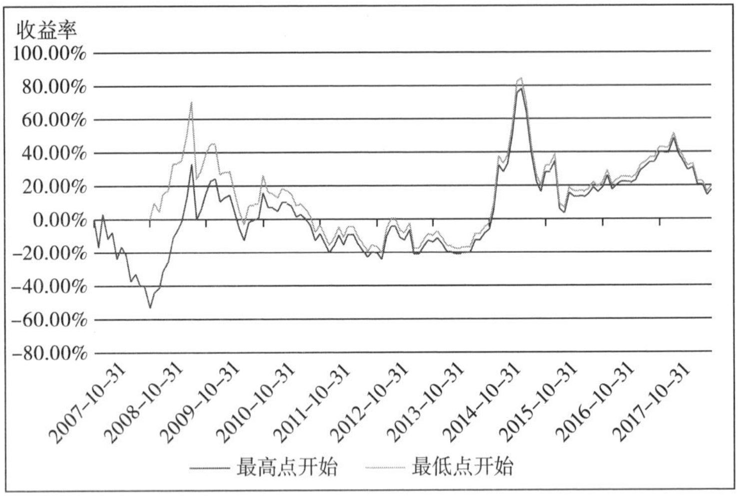

图 6－1　高点和低点开始定投的收益对比

如果我们看图，如图 6－1 所示，会看得更加清楚，从 2007 年 10 月 31 日开始定投，收益率一路下滑到 2008 年 10 月 31 日，然后收益率开始反弹。随着时间的推移，这两根线越来越接近。

第二节　每天、每周、每月定投比较

那么，如果不是每月定投，而是每周，甚至每天定投，效果是否会更好呢？

表 6－2　不同时间间隔定投收益率比较

时间	每天	每周	每月
2008－12－31	－3.09%	－3.37%	－2.01%
2009－12－31	38.47%	38.64%	46.09%
2010－12－31	12.77%	12.92%	16.43%
2011－12－30	－16.62%	－16.71%	－15.01%
2012－12－31	－6.84%	－6.90%	－5.29%
2013－12－31	－12.16%	－12.17%	－10.98%
2014－12－31	36.14%	36.09%	37.97%
2015－12－31	37.23%	37.41%	39.20%
2016－12－30	19.43%	19.67%	20.96%
2017－12－29	41.63%	41.83%	43.41%
2018－9－28	18.69%	18.82%	20.01%

如表 6－2 所示，以沪深 300 指数为标的，我们计算了从 2008 年 10 月开始定投到 2018 年 9 月底的结果，这 3 种情况的收益率最终的差异是非常小的，甚至每周定投的收益率还略低于每月定投，每天定投的收益率还略低于每周定投，当然这些差异完全是由于个别数据的涨跌导致的。

第三节　每周的不同时间开始定投

如果在每周不同的日期定投又会怎么样呢？我们再次以沪深 300 指数为标的，计算了从 2008 年 10 月开始到 2018 年 9 月底整整 10 年的定投结果，从表 6－3 中可以看到，不管是周一还是周五或者其他日期定投，其差异一样是微乎其微的。

表 6－3　每周不同时间定投效果比较

时间	周一	周二	周三	周四	周五
2008－12－31	－3.98%	－3.43%	－4.16%	－4.04%	－3.37%
2009－12－31	38.37%	39.36%	38.94%	38.91%	38.64%
2010－12－31	12.85%	13.36%	13.19%	12.75%	12.92%
2011－12－30	－16.43%	－16.24%	－16.44%	－16.60%	－16.71%
2012－12－31	－6.65%	－6.65%	－6.73%	－6.77%	－6.90%
2013－12－31	－11.94%	－12.07%	－12.15%	－12.10%	－12.17%
2014－12－31	36.29%	36.30%	36.18%	36.24%	36.09%
2015－12－31	37.39%	37.30%	37.10%	37.38%	37.41%
2016－12－30	19.57%	19.44%	19.29%	19.54%	19.67%
2017－12－29	41.87%	41.73%	41.46%	41.68%	41.83%
2018－9－28	18.96%	18.74%	18.53%	18.75%	18.82%

本章小结

如果是长期定投，那么不管是什么时候开始，是每天、每周还是每月，在哪天定投，其收益率长期来看差异都是不大的，关键还是要坚持。

第七章

何时赎回

第一节　A股定投不能不止盈

按照经典的定投理论，定投是一件长期的事情，经典理论很少讨论什么时候退出定投。定投一定是越长越好吗？我们来看一个例子。

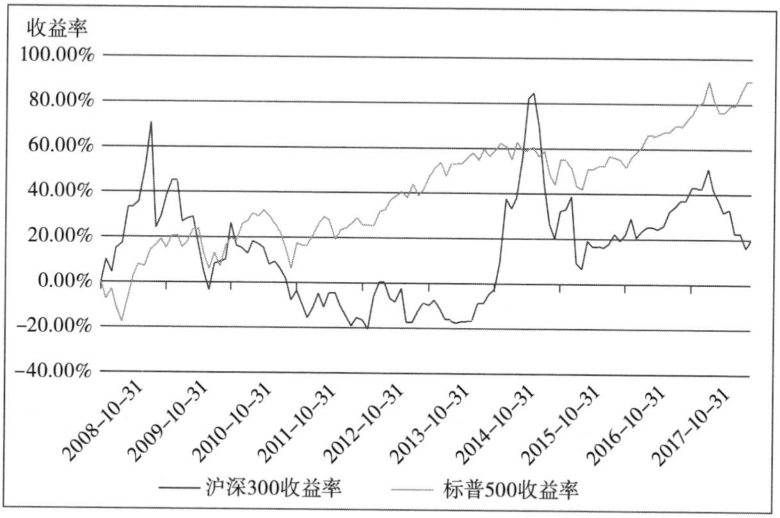

图7-1　沪深300与标普500定投收益率对比

我们还是从2008年10月开始，每个月的最后一个交易日分别定投中美两国最经典的指数：沪深300和标普500，一直到2018年9月的最后一个交易日，整整10年。从图7-1就可以看出，沪深300和标普500定投收益率截然不同的两种走势：标普500的10年定投收益率基本上是稳步上升的，任何时候赎回可能都是错误的；但 A 股则不然，以沪深 300 定投 10 年为例，有两次高峰退出的机会，分别在 2009 年 7 月的 70.76% 和 2015 年 5 月的 84.59%，这两次最高的定投收益率都远远超过了标普 500 定投收益率。但从 2011 年到 2014 年整整 3 年，定投的收益率是负的，即使经过 10 年到了 2018 年 9 月也不到 20%，平均每年还不到 2%，而定投标普 500 的同期收益率则到了 90%。

表 7－1　沪深 300 与标普 500 定投收益率对比

时间	沪深 300 定投收益率	标普 500 定投收益率	差异（百分点）
2008－12－31	4.30%	－2.99%	7.29
2009－12－31	44.52%	21.21%	23.31
2010－12－31	15.25%	25.60%	－10.35
2011－12－30	－15.68%	17.02%	－32.70
2012－12－31	－5.77%	25.83%	－31.60
2013－12－31	－11.31%	53.73%	－65.04
2014－12－31	37.59%	60.83%	－23.24
2015－12－31	38.78%	51.28%	－12.50
2016－12－30	20.60%	58.56%	－37.96
2017－12－29	42.99%	80.73%	－37.74
2018－9－28	19.66%	90.13%	－70.47

当然，这样的差异主要还是因为 A 股是一个熊长牛短、暴涨暴跌的不成熟的股市。如果我们定投的是 A 股，就要学会在适当的时候赎回，否则就是一次一次的“上上下下的享受”。

定投一段时间后，出现效果越来越差的现象，我们叫“定投的钝化”。举个例子，我们每月定投 1000 元，一年定投 12000 元，此时每次定投对整体的影响是 $1000/12000 \times 100\% = 8.33\%$。但如果你定投了 5 年，还是继续定投 1000 元，那么，每次定投对整体的影响是 $1000/60000 \times 100\% = 1.67\%$，影响缩小到 1/5。也就是说，即使你抄底一个很低的价格，对整体定投的影响也越来越小。这还是假设定投的标的不涨不跌的结果，如果累计涨得多了，钝化会更加明显。

第二节　估值止盈法

那么定投A股基金时，选择什么时候减仓甚至清仓呢？一般有以下两种条件：一是估值偏高时；二是收益率到一定阈值时。

我们用PE作为估值，先来看看2007年以来沪深300指数的市盈率变化，如图7－2所示，对应几次高点分别是：2007年10月16日，沪深300的市盈率到了51.62倍的历史最高点；到2009年8月3日，沪深300的市盈率再次到了32.17倍的次高点；而到了2015年6月8日，沪深300的市盈率到了19.01倍；即使到了2018年2月5日，沪深300的市盈率到了15.86倍，而到了2018年9月28日，沪深300的市盈率跌到了11.71倍。似乎很难拿出一个阈值来作为减仓或者清仓的标准。

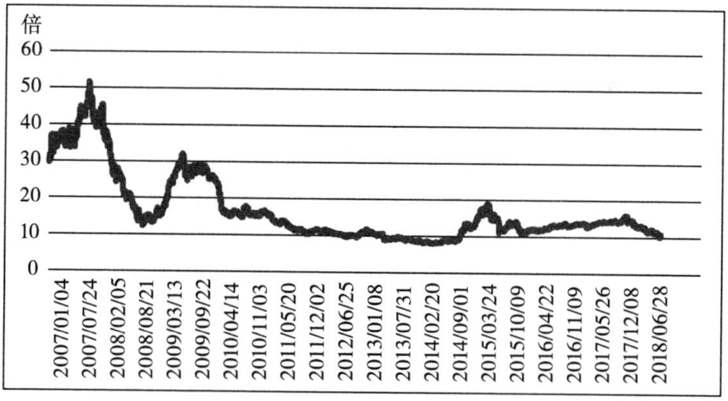

图7－2　沪深300市盈率变化

我们再看看沪深300加权收益率的5年百分位点，如图7－3所示，如果我们以90%作为阈值，那么2008年1月、2015年4—7月、2017年7月—2018年3月这些时间段的沪深300市盈率5年百分位都超过了90%。如果能在这些时候减仓或者清仓，会提高定投的盈利。

因为每个阶段的股市中枢相差很大，所以类似 PE 这样的指标，用它的绝对值来作为清仓阈值，很难确定一个合理的值，而用百分位估值来作为清仓阈值，相对来说更加合理。

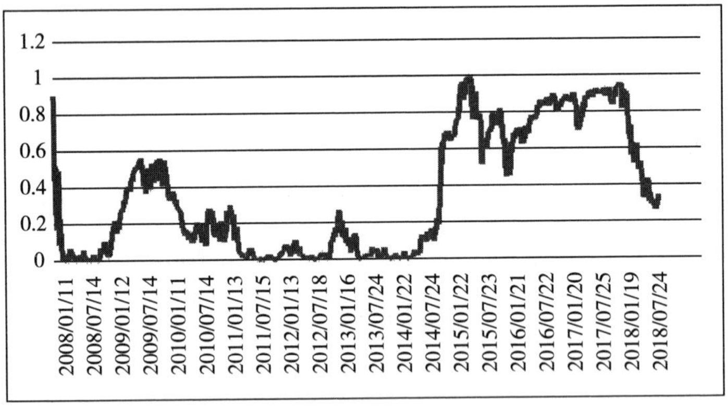

图 7－3　沪深 300 市盈率百分位点

第三节　收益率阈值清仓法

还有一种方法，就是到了一定的收益率阈值止盈清仓，也就是说，当定投收益率累积到某个阈值了，就开始减仓甚至清仓。

还是以定投沪深 300 为例，从 2008 年 10 月开始定投，到 2015 年 4 月，累计收益率超过了 80%。如果止盈后再从 0 开始定投，就能保留住绝大部分盈利。当然，将来下次的高点也不知道是多少，但只要 A 股还是维持暴涨暴跌的特性，不是走慢牛，适当的止盈还是需要的。

当然，止盈也不一定一下子全部清仓，到了一定阈值的时候可以采用逐步减仓，直到清仓的办法。还有就是后面将要介绍的自动高抛低吸的各种方法。

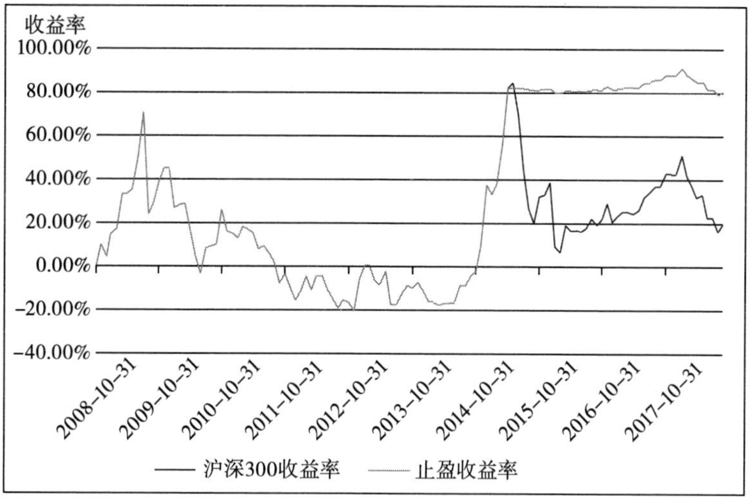

图 7－4　止盈收益率比较

本章小结

1. 定投 A 股基金不能不止盈。

2. 相对估值止盈和目标收益率止盈是可行的止盈策略。

3. 实际操作中可以分步止盈。

4. 止盈后一般还是需要继续定投。

| 第八章 |

手工定投和自动定投

第一节　场内交易和场外交易

我们可以通过两种方法来定投基金，一种是场内的，一种是场外的。所谓场内交易，就是证券交易所内交易，反之就是证券交易所外交易。一般来说，场内交易除了申购基金和赎回基金是通过券商平台和上市公司进行交易外，绝大部分情况下是基民和基民之间的交易；而场外交易则是基民和基金公司之间的交易，或者是通过蚂蚁基金、天天基金、蛋卷基金等第三方平台和基金公司之间的交易。那么，场内交易和场外交易有哪些特点呢？

（1）首先当然是交易平台不同。场内交易一般都是通过交易所，基民和基民之间进行买卖，这个和股票在二级市场的买卖区别不大；而场外交易则是基民通过第三方平台或者直接和基金公司进行交易，这种交易买入我们一般叫“申购”，卖出叫“赎回”。而新基金发行的买入我们叫“认购”。

（2）佣金不同。场内交易是基民之间的交易，基金的交易没有印花税，只有佣金，而且佣金也比股票的佣金低，一般在0.01%～0.03%。而场外申购的佣金一般标准的是1%～1.5%，但现在第三方平台都是一折优惠，也就是说在0.1%～0.15%，还有一部分基金定投是免佣金的，具体要查看每个平台的数据。对长期定投来说，这个费用是微不足道的。

（3）场内交易不可能自动定投，但场外可以通过第三方平台或者基金公司实现定期自动扣款。

（4）交易时间不同。场内交易只能在交易时间交易；而场外申购基金是任何时间都可以的，只不过在当天下午 3 点前申购的，按照当天的净值计算，而过了当天下午 3 点，则按照次日的净值计算。

（5）交易品种可能不同。一般的开放式基金，只能在场外申购，不能在场内交易；而封闭基金或者定期开放基金在非开放期，只能场内交易，不能场外申购。对 ETF、LOF 基金来说，既可以场内交易，也可以场外申购，但 ETF 的申购要求比较高，不适合普通投资者申购，而 LOF 一般场内交易量非常小，也不适合交易。

（6）交易价格不同。正因为有场内、场外两个交易平台，所以会导致同样一个品种出现不同的交易价格。一般来说，ETF 基金因为存在即时套利机制，所以场内场外的价格差异不大；而 LOF 因为场内的交易量很小，所以大幅度折价或者溢价都是有可能的，但因为场内的成交量太小，套利的难度也极高。而封闭基金或者定期开放的基金，一般来说场内的价格都低于净值，也就是折价交易。

那么，我们在定投基金的时候到底是选择场内买入还是场外申购好呢？如果看佣金，现在其实差异很小，再说现在有一部分定投基金甚至免佣金了。如果场内有折价，那么可以选择场内交易。还有一部分好的封基和定期开放的基金，只能通过场内买入；而一部分开放基金，只能通过场外申购。关键是如果跟踪同样一个标的指数，价格差异不大，你是选择场外还是场内呢？

第二节　自动定投

场外定投有个最大的优势，就是自动扣款定投。基金公司的网站或者第三方平台都可以设定自动扣款，绑定银行卡，按提示要求设置后，到了你设定的日期，就会按照你设定的基金品种、金额，自动从你绑定的银行卡里扣钱并自动买入基金。一般定投每次的金额都是一样的。第三方平台也设计了各种高抛低吸的定投不定额的方案，后面我们还会详细介绍。

这里讲一个笔者自己的定投经历。2011 年股市低迷的时候，我定投了南方中证 500ETF 联接 A（160119）。我选择了每月 5 日自动扣款的方式，同时给我 20 多个同事推荐了中证 500 定投，而且还说了场内佣金便宜，场外申购佣金贵。当时场外的佣金还是 1% 左右的标准，蚂蚁基金、天天基金等一折标准还没问世。到了 2015 年 5 月，在收益几乎翻番的时候，我赎回了中证 500。同时我问了一下当时一起定投的同事，20 多人里只有 3 个坚持下来了，这 3 个全部是场外自动扣款的方式。再详细了解了一下没坚持下来的原因，大部分是说受不了长期的亏损。从图 8－1 也可以看到，从 2011 年定投中证 500 开始，到 2014 年 6 月，整整 3 年多里，定投基本都是亏损的，只有从 2014 年 7 月开始定投收益率才大幅度上升。事后当然好说，关键是事先面对这 3 年多亏损的折磨，很少有人用手动定投能坚持下来。另外，少数人是因为贪婪，总觉得熊市一直跌，总想明天可能还要跌，这样明日复明日，结果就拖延下来了。

所以后来再有人问我，我对大部分投资者的建议都是：场外自动扣款。

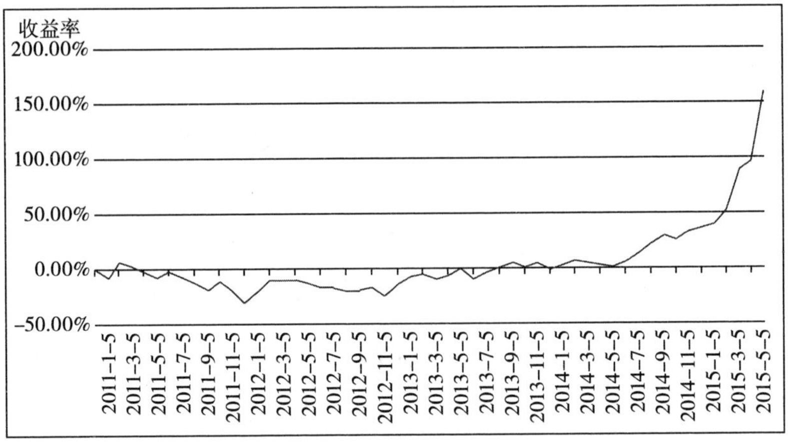

图 8-1　定投中证 500 收益率

本章小结

手工场内定投虽然具有费用低、灵活的特点，但对普通人来说，还是推荐自动扣款的场外定投。

第九章

估值定投法

第一节　估值定投

前面我们讨论过，所谓估值定投，就是按照 PE、PB、ROE 等财务指标来决定定投。最简单的估值定投策略是单因子大于某一阈值就停止定投，小于某一阈值就启动定投。

我们还是来看具体的例子，为了更加平滑地处理数据，我们从 2008 年 10 月 6 日开始，每天定投到 2018 年 9 月 28 日为止，用沪深 300 指数作为标的，每天定投 10 元，那么 5 年多定投的收益是 4546.20 元，总收益率是 18.68%，说实话并不高。

如果我们换一种定投方法，只在沪深 300 的加权市盈率小于 12 ~ 20 时才定投，大于这个值不定投，如表 9-1 所示。

表 9-1　不同 PE 阈值水平下定投收益比较　　单位：元

PE 阈值	全部	20	15	14	13	12
累计投入	24340.00	21860.00	17960.00	15650.00	12000.00	9690.00
累计盈利	4546.20	4392.72	4061.03	3954.36	3695.73	3565.05
总收益率	18.68%	20.09%	22.61%	25.27%	30.80%	36.79%

经过回算就能看到，条件越苛刻，收益率越高，当 PE 阈值为 12 的时候，总收益率高达 36.79%，但在 2434 个交易日里只有 969 个交易日满足条件，比例只有 39.81%，也就是说有 60% 以上交易日因为不满足 PE 小于 12 将是空仓的。这样的收益率虽然高，但总盈利额并不高，才

3565.05元。而PE阈值全部满足条件时，虽然总收益率才18.68%，但总收益额是4546.20元，是最高的。

上面一个例子是用PE的绝对值作为阈值，但我们分析历史的阈值就会发现，在2007年大牛市时，沪深300的PE很长时间都在30～40，如果要用2012年后的最高值20作为阈值，那么在2006—2007年大牛市中没有一个交易日满足这个条件，但如果把PE的绝对阈值提高到20以上，那么2012年后所有交易日都满足了这个条件。为了解决这个问题，实际上我们用了一个相对阈值。

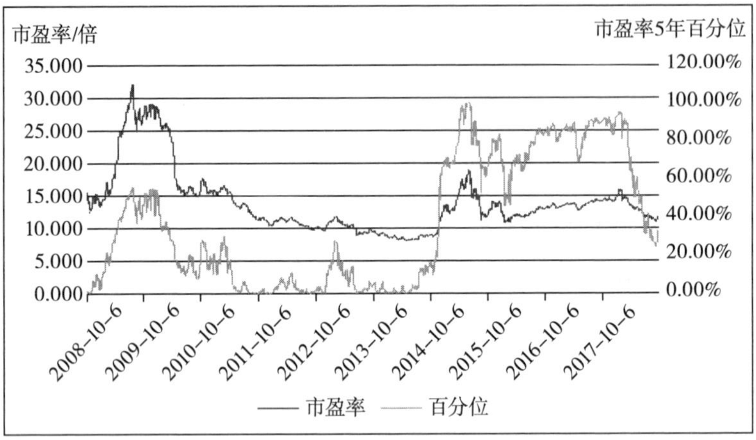

图9-1　沪深300市盈率与5年百分位

所谓相对阈值，就是比较一段时间内的相对百分位，我们在这里采用最近5年的相对阈值。至于为什么用5年，主要原因是中国股市牛熊周期平均在5年左右。

那么5年的PE百分位如何计算呢？

首先，把最近5年所有交易日对应的PE按照从大到小排序，排名在最前面的就是100%，最后面的就是0%，排名在中间的就是50%，以此类推。在Excel中用percentrank（数据组，某个数据），就能得到某个数据在整个数据组中的百分位了。我们从表9-2中看到，当相对阈值为70%的时候，累计盈利值为最高，而和绝对阈值类似，相对阈值也是越小收益率越高，但问题是投入资金量和盈利额也小了很多。

表9-2 PE百分位阈值定投收益率比较 单位：元

PE百分位阈值	全部	90.00%	80.00%	70.00%	60.00%	50.00%	40.00%	30.00%
累计投入	24340.00	22770.00	19690.00	17940.00	16400.00	15210.00	14020.00	12940.00
累计盈利	4546.20	4837.76	4972.73	4994.92	4937.60	4955.41	4881.05	4769.13
总收益率	18.68%	21.25%	25.26%	27.84%	30.11%	32.58%	34.81%	36.86%

当然，这些数据都是事后计算的，将来的涨跌不完全取决于过去的数据规律，但就过去的数据比较而言，相对PE的阈值效果还是比绝对PE好很多。主要原因还是在于中国股市不是一个成熟市场，这次牛熊的最高最低估值，和上次比较可能有较大的差异，将来一拨牛熊的最高最低估值，也可能和这次牛熊的最高最低估值差异很大。

第二节 多品种估值定投

以上的例子是定投一个品种，我们再看看定投多个品种会怎么样呢？这里我们选3个最典型的指数：上证50、沪深300、中证500。从2008年10月第一个交易日开始，每天定投到2018年9月的最后一个交易日为止。然后，和PE 5年百分位轮动比较。为什么选相对百分位而不是绝对值，那是因为直到今天，上证50的PE估值一直比沪深300低，而中证500的PE估值一直比沪深300低，如果按照PE绝对值最低来轮动定投，那么这10年应该都是定投上证50了。

表9-3 上证50、沪深300、中证500和PE百分位定投收益率的比较

日期	上证50	沪深300	中证500	轮动
2008-12-31	-5.48%	-2.21%	6.05%	0.27%
2009-12-31	31.85%	37.69%	56.37%	38.37%
2010-12-31	-2.27%	10.43%	42.04%	5.29%
2011-12-30	-18.57%	-17.82%	-12.35%	-15.63%

续表

日期	上证 50	沪深 300	中证 500	轮动
2012 - 12 - 31	- 3. 78%	- 8. 42%	- 9. 81%	- 1. 87%
2013 - 12 - 31	- 16. 43%	- 13. 30%	6. 14%	- 12. 38%
2014 - 12 - 31	39. 92%	33. 18%	43. 11%	43. 18%
2015 - 12 - 31	29. 28%	38. 46%	95. 72%	34. 21%
2016 - 12 - 30	18. 96%	18. 98%	51. 20%	21. 89%
2017 - 12 - 29	45. 45%	41. 19%	44. 43%	44. 67%
2018 - 9 - 28	28. 41%	17. 46%	8. 82%	24. 81%

表 9 - 3 是上证 50、沪深 300、中证 500 定投 10 年的累计收益率和 PE 百分位定投收益率的比较。轮动定投的具体策略是在定投日比较上证 50、沪深 300、中证 500 三个指数的 5 年 PE 百分位，哪个低就定投哪个指数。10 年来，大概 63. 72% 的时间定投上证 50，16. 35% 的时间定投沪深 300，19. 93% 的时间定投中证 500。虽然到了 2018 年 9 月 28 日，累计定投收益率最高还是上证 50 的 28. 41%，但轮动定投策略的 24. 81% 已经战胜了沪深 300 的 17. 46% 和中证 500 的 8. 82%。况且在 2008—2016 年这 9 年里，轮动策略都战胜了单纯定投上证 50，只不过最近一年多里跑输了；而轮动定投策略的定投收益率也在 2014 年、2017 年、2018 年战胜了单纯的中证 500 定投收益率。而 2014 年是一个比较特殊的年份，因为市场风格从小盘转大盘，导致了轮动定投收益率全部战胜了上证 50、沪深 300 和中证 500 的收益率。整体来看，PE 百分位定投策略和单独的一个指数定投比较起来，比较好地避免了定投过程中回撤较大的情况，更加有利于投资者坚定信念。但像 2014 年战胜了所有 3 个指数定投收益率的情况，也是可遇不可求的。

当然，你还可以做出更多的估值定投策略，比如说估值越高定投金额越低；估值越低定投金额越高。或者除了用 PE 估值外，还可以结合 ROE、PB、PEG（市盈率相对盈利增长率指标）等财务指标做出对应的定投策略，或者再结合清仓阈值这样的策略，能获得更好的定投效果。当然，过去的数据不能代表将来，在量化定投中，越是优化数据，有可能将来的效果越差。如果将来股市真的走了慢牛，那么任何估值定投都可以不需要。

本章小结

由于A股历史数据波动较大，相对估值低的策略不管在单品种还是多品种中，都可以作为一种有效的定投策略。

第十章

技术指标定投策略

前面我们讨论了用PE的绝对估值定投和相对估值定投，这些都属于根据财务指标来定投。那么，根据技术指标是否也能定投呢？回答是可以的。下面我们通过一个实例来说明一下。

第一节　三品种均线轮动定投

均线是一个很重要的技术参数，所谓均线，就是往前推N个交易日的收盘价的平均值。当天收盘负偏离越厉害，我们认为将来上涨的可能性越大，反之，正偏离越厉害，我们认为将来下跌的可能性越大，这是基于均值回归的观点。那么，多个标的如何来比较偏离程度的大小呢？这里我们用了一个乖离率（BIAS）的技术指标。

BIAS =（当天收盘/N天收盘均值 - 1）×100%，这个值最小-100%，最大100%。我们还是选取上证50、沪深300、中证500这3个标的，从2008年10月初定投到2018年9月底为止。在上证50、沪深300、中证500等3个标的中选择当天BIAS负偏离最大的标的进行定投，N选取半年、1年、2年、3年、4年、5年等6个参数，定投累计收益率结果如表10-1所示。

表10-1　三个指数不同均线定投收益对比

日期	上证50	沪深300	中证500	5年	4年	3年	2年	1年	半年
2008-12-31	-5.85%	-3.05%	4.32%	4.24%	2.89%	2.36%	2.47%	3.58%	3.64%
2009-12-31	32.47%	38.34%	57.75%	43.61%	41.25%	40.55%	40.66%	43.03%	45.95%

续表

日期	上证50	沪深300	中证500	5年	4年	3年	2年	1年	半年
2010-12-31	-0.72%	12.75%	45.22%	10.70%	8.01%	7.26%	7.37%	10.26%	15.61%
2011-12-30	-17.49%	-16.60%	-10.72%	-13.44%	-14.35%	-14.62%	-14.74%	-14.92%	-13.97%
2012-12-31	-1.67%	-6.83%	-8.67%	0.70%	-0.22%	-2.29%	-3.40%	-4.63%	-4.35%
2013-12-31	-14.98%	-12.15%	6.58%	-9.99%	-9.28%	-7.16%	-6.34%	-5.69%	-5.23%
2014-12-31	43.13%	36.12%	44.40%	46.54%	45.59%	45.98%	46.95%	46.23%	46.41%
2015-12-31	28.65%	37.21%	92.60%	38.90%	41.91%	48.54%	51.32%	54.62%	55.10%
2016-12-30	19.58%	19.42%	51.46%	25.34%	26.55%	30.14%	31.97%	33.07%	33.26%
2017-12-29	45.52%	41.61%	45.51%	48.25%	47.94%	47.98%	47.81%	45.88%	46.62%
2018-9-28	29.97%	18.68%	9.86%	27.95%	26.52%	24.67%	23.92%	20.58%	21.61%

从6个参数对应的累计定投收益率可以看出，每年的定投收益率最大值，大部分年份不是偏向5年均线，就是偏向半年均线。不同的年份，不同的风格，导致这样极端的收益率。所以，实际上我们可以选择一个中庸的参数，比如说2年均线。

表10-2　2年均线定投收益率对比

日期	上证50 (1)	沪深300 (2)	中证500 (3)	2年均线定投 (4)	(4)-(1) (百分点)	(4)-(2) (百分点)	(4)-(3) (百分点)
2008-12-31	-5.85%	-3.05%	4.32%	2.47%	8.32	5.52	-1.85
2009-12-31	32.47%	38.34%	57.75%	40.66%	8.19	2.32	-17.09
2010-12-31	-0.72%	12.75%	45.22%	7.37%	8.09	-5.38	-37.85
2011-12-30	-17.49%	-16.60%	-10.72%	-14.74%	2.75	1.86	-4.02
2012-12-31	-1.67%	-6.83%	-8.67%	-3.40%	-1.73	3.43	5.27
2013-12-31	-14.98%	-12.15%	6.58%	-6.34%	8.64	5.81	-12.92
2014-12-31	43.13%	36.12%	44.40%	46.95%	3.82	10.83	2.55
2015-12-31	28.65%	37.21%	92.60%	51.32%	22.67	14.11	-41.28
2016-12-30	19.58%	19.42%	51.46%	31.97%	12.39	12.55	-19.49
2017-12-29	45.52%	41.61%	45.51%	47.81%	2.29	6.20	2.30
2018-9-28	29.97%	18.68%	9.86%	23.92%	-6.05	5.24	14.06

我们下面以2年均线为例，和单纯定投上证50、沪深300、中证500的收益率比较一下。如表10-2所示，我们可以看到，2年均线定投，2008—2011年、2013—2017年，这9年里收益率都超过了单纯定投上证50，只有2012年、2018年这两年跑输；和单纯定投沪深300比较，只有2010年跑输，其他10年均跑赢了；和单纯定投中证500比较，只有2012年、2014年、2017年、2018年这4年跑赢，而其他7年都跑输了。但关键是在中证500最近两年走弱时，因为2年均线定投策略积攒了大量上证50的筹码，才会远远跑赢单纯的中证

500 定投。所以，综合地考虑每一阶段的定投收益率，均线定投还是比较靠谱的。

第二节　均线定投和估值定投比较

和前面我们介绍的估值定投相比，均线定投的效果也不差。我们对比一下同样条件下的估值定投 PE 5 年百分位和 2 年均线定投，除了定投在 2012 年底和 2018 年 9 月底，估值定投跑赢均线定投外，在其他年份均是均线定投跑赢了估值定投。所以说，均线定投看似简单，其实也是一个不错的定投策略。

表 10－3　2 年均线定投和 PE 5 年百分位估值定投对比

日期	上证 50	沪深 300	中证 500	PE 5 年百分位	2 年均线
2008－12－31	－5.48%	－2.21%	6.05%	0.27%	2.47%
2009－12－31	31.85%	37.69%	56.37%	38.37%	40.66%
2010－12－31	－2.27%	10.43%	42.04%	5.29%	7.37%
2011－12－30	－18.57%	－17.82%	－12.35%	－15.63%	－14.74%
2012－12－31	－3.78%	－8.42%	－9.81%	－1.87%	－3.40%
2013－12－31	－16.43%	－13.30%	6.14%	－12.38%	－6.34%
2014－12－31	39.92%	33.18%	43.11%	43.18%	46.95%
2015－12－31	29.28%	38.46%	95.72%	34.21%	51.32%
2016－12－30	18.96%	18.98%	51.20%	21.89%	31.97%
2017－12－29	45.45%	41.19%	44.43%	44.67%	47.81%
2018－9－28	28.41%	17.46%	8.82%	24.81%	23.92%

本章小结

在技术指标定投中，用 BIAS 策略定投也是一个有效的方法。

第十一章

价值平均策略

第一节　什么叫价值平均策略

本章讨论一个新的定投策略，叫“价值平均策略”。这个策略起源于一本在1991年出版的同名书《价值平均策略》，作者迈克尔·埃德尔森，历任美国纳斯达克的首席经济学家、哈佛商学院教授，以及摩根士丹利公司常务董事，在投资领域有着丰富的经验。对此，威德恩大学金融学教授保尔·S. 马歇尔是这样评价这本书的：“本书确实是一部需要被永久保存的经典之作。在我的职业生涯中，我耗费大量精力努力想找出价值平均策略的错误，却从未成功过。我对迈克尔·埃德尔森博士以及本书钦佩之至！”美国《金钱》杂志称誉该书所倡导的投资策略，是“当今投资的最佳方式之一”。

那么究竟什么是价值平均策略呢？

我们先说说成本平均策略，所谓成本平均策略，通俗地说，就是每次你定投的金额是完全相等的，即每次成本相等。日常投资中，这也是我们最常用的策略。相对于成本平均策略，价值平均策略，就是要求每次定投时通过增减投资金额，使得投资后的价值线性增加，保持价值平均而不是成本平均。只要股市有涨跌，那么成本平均和价值平均两者必居其一。

第二节　一个简单的例子

下面看一个具体的例子，帮助我们理解价值平均策略的定投。我们假定一个定投品种定投 4 次，第 1 次和第 4 次的净值都为 1，第 2 次的净值涨到 1.1，而第 3 次的净值跌到 0.9。那么，如果是用成本平均策略，每个月定投的成本都是 1000 元，累计的成本是 1000 元、2000 元、3000 元、4000 元这样线性增加的。

表 11-1　成本平均和价值平均策略对比　　单位：元

成本平均	净值	当月份额	当月成本	累计成本	累计份额	累计价值
1	1.0	1000.00	1000.00	1000.00	1000.00	1000.00
2	1.1	909.09	1000.00	2000.00	1909.09	2100.00
3	0.9	1111.11	1000.00	3000.00	3020.20	2718.18
4	1.0	1000.00	1000.00	4000.00	4020.20	4020.20
价值平均	净值	当月份额	当月成本	累计成本	累计份额	累计价值
1	1.0	1000.00	1000.00	1000.00	1000.00	1000.00
2	1.1	818.18	900.00	1900.00	1818.18	2000.00
3	0.9	1515.15	1363.64	3263.64	3333.33	3000.00
4	1.0	666.67	666.67	3930.30	4000.00	4000.00

如表 11-1 所示，成本平均策略中，经过 4 次定投，累计成本 4000 元，累计价值 4020.20 元，赚了 20.20 元，收益率为 0.51%。而价值平均策略，第一个月是和成本平均策略完全一样的，到了第 2 个月，为了保证累计价值是 2000 元，那么累计份额 = 2000/1.1 = 1818.18，扣除第一个月的 1000 份额，第 2 个月只投了 818.18 的份额，比起成本平均的同期 909.09 要少很多，定投金额是 900 元，比成本平均少投了 100 元。之所以少投，是因为净值从 1.0 涨到了 1.1。再看第 3 次定投，因为净值下跌到 0.9，所以定投金额变成了 1363.64 元，又比成本平均在同期多投了 363.64 元。到了第 4 个月，因为净值涨回到 1.0，所以定投金额又下降到 666.67 元，比成本平均又少投了 333.33 元。最终 4 次定投合计为 3930.30 元，比成本平均少投了 69.70 元，而赚了 69.70 元，收益

率高达 1.77%。花了比成本平均少的投资，反而比成本平均策略多赚了 3 倍多的钱。主要原因就是价值平均策略在涨的时候少投了，跌的时候多投了，最后即使净值回到原点，盈利也要比成本平均高。

第三节　沪深 300 的价值平均策略定投

我们再举个实际的例子，还是用沪深 300 定投 10 年，来看看成本平均策略和价值平均策略的差异。

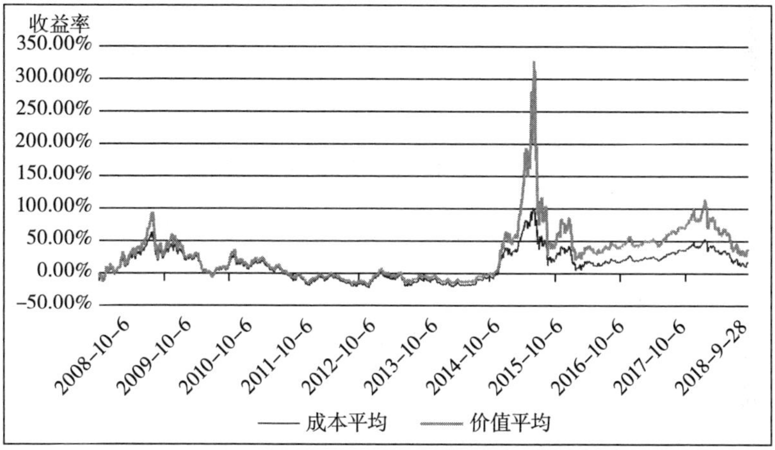

图 11-1　成本平均和价值平均策略定投沪深 300 对比

还是定投沪深 300 指数，从 2008 年 10 月的第一个交易日一直到 2018 年 9 月最后一个交易日，整整 10 年，每天定投 10 元。从图 11-1 中看到，价值平均策略定投收益率一直是高于成本平均策略的，在 2015 年上半年二者的差异到达了高峰。在 2015 年 6 月 8 日，成本平均策略最高收益率为 101.63%，而当天价值平均策略的最高收益率是 328.22%，远远超过了成本平均策略。

我们再看一下这个例子中价值平均策略定投的累计投入和累计盈

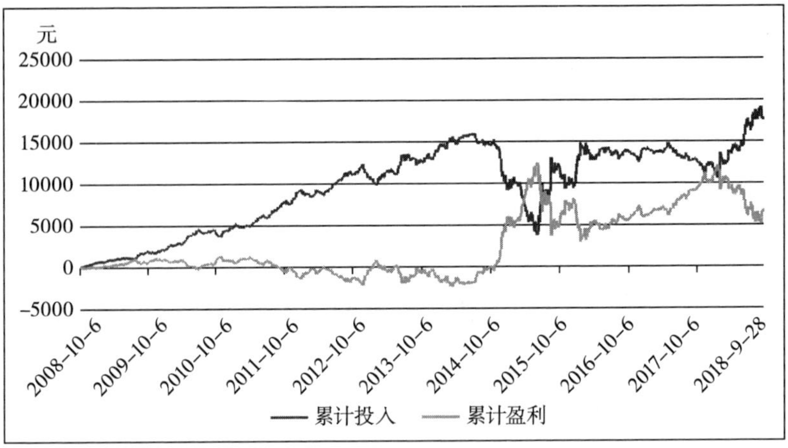

图 11－2　价值平均策略定投的累计投入和累计盈利

利，如图 11－2 所示，从 2008 年 10 月开始到 2014 年 3 月，基本上都是不断投入，收益不断下跌。之后随着收益的上升，投资额反而是在不断地赎回。盈利在 2015 年 6 月 8 日到了顶点——12466 元的高峰，而其中投入反而因为不断赎回而缩小到只有 3764 元。盈利的第二个高峰出现在 2018 年的 1 月 24 日，再次达到了 12143 元的次高，然后收益额不断下跌，而价值平均策略则反而不断加仓。

相比较成本平均策略，价值平均策略在定投标的上涨时少投，下跌时多投，看结果也似乎很完美，难道真的这样完美无缺吗？

本章小结

价值平均策略可以帮助我们自动实现上涨时少投，下跌时多投。

丨第十二章丨

有限价值平均策略

第一节　经典价值平均策略遇到的问题

我们还是看前文那个10年定投沪深300的例子，如果按照经典价值平均策略版本，到了2015年6月8日股灾这天，定投金额将是原始资金的1267倍。也就是说你在2008年10月的一个交易日如果定投1元，到了2015年6月8日，如果严格按照价值平均策略定投，这天需要定投1267元。而且关键是，这样的日子不是一天，你在当时根本不知道这样上千倍的资金定投需要多久才能结束，显然实际定投中根本是不可能的。

发生这种情况的主要原因是中美两国股市差异太大。我们把中美两国最典型的指数沪深300和标普500做个对比，如图12－1所示，2002年1月22日，沪深300是1109.99点，而标普500是1119.31点，沪深300还比标普500低了9.32点。经过了整整16年多的涨涨跌跌，截至2018年10月9日，沪深300是3288.69点，标普500是2880.34点，沪深300比标普500还高了408.35点。整体情况显示，至少这16年沪深300的涨幅不比标普500差，但沪深300和2007年10月的高点比，几乎腰斩，而标普500则几乎是最高点。

这样的差异也影响了价值平均策略。美股是慢牛，即使再跌，也不可能出现1000多倍资金的需求，而在A股，如果对价值平均策略不加限制，那就几乎没什么实践意义了。

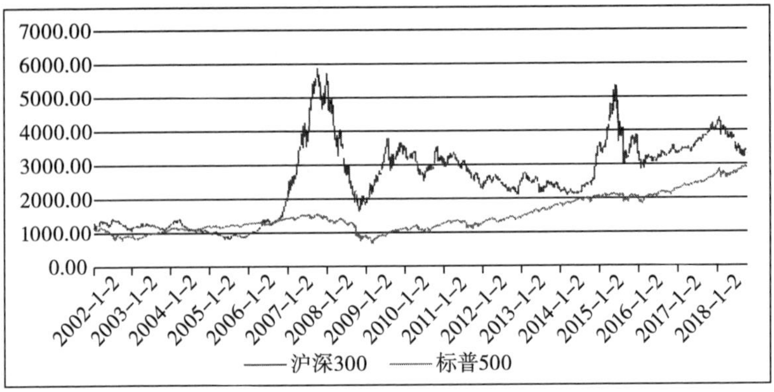

图 12－1　沪深 300 和标普 500 对比

第二节　用阈值改善价值平均策略

为了避免这种极端情况的产生，我们可以设定一个阈值，如最高定投额限制为 5 倍的起始定投金额。我们来看看回测的情况，投资标的还是沪深 300。

表 12－1　设定阈值后价值平均策略定投收益率对比（累计收益率）

时间	1/1	∞/－∞	5/－5	5/0	4/－4	4/0	3/－3	3/0	2/－2	2/0	1/－1	1/0
2008－12－31	－3.09%	－2.15%	－2.15%	－2.17%	－2.15%	－2.17%	－2.16%	－2.17%	－2.21%	－2.21%	－2.49%	－2.48%
2009－12－31	38.47%	48.41%	47.75%	46.40%	47.59%	46.59%	47.21%	46.86%	46.33%	46.42%	44.66%	44.73%
2010－12－31	12.77%	15.92%	16.24%	15.89%	16.63%	16.02%	17.06%	16.29%	16.82%	16.01%	14.47%	14.27%
2011－12－30	－16.62%	－13.01%	－13.21%	－13.57%	－13.48%	－13.81%	－13.72%	－14.11%	－14.22%	－14.55%	－16.01%	－16.09%
2012－12－31	－6.84%	－3.15%	－3.03%	－2.75%	－3.10%	－2.92%	－3.13%	－3.31%	－3.40%	－3.61%	－5.91%	－6.00%
2013－12－31	－12.16%	－7.25%	－7.53%	－8.43%	－7.72%	－8.65%	－8.03%	－8.99%	－8.71%	－9.32%	－11.29%	－11.37%
2014－12－31	36.14%	55.73%	46.66%	42.12%	45.76%	41.90%	44.66%	41.65%	43.09%	41.34%	38.40%	37.81%
2015－12－31	37.23%	76.25%	84.24%	50.06%	83.11%	49.83%	80.07%	49.56%	73.09%	49.23%	54.77%	45.47%
2016－12－30	19.43%	41.85%	47.90%	33.13%	47.26%	32.92%	45.51%	32.69%	42.15%	32.40%	31.40%	26.43%
2017－12－29	41.63%	82.99%	89.41%	62.12%	87.87%	61.87%	85.06%	61.58%	79.87%	61.23%	61.47%	52.96%
2018－9－28	18.69%	38.54%	40.84%	33.20%	41.10%	33.47%	42.72%	33.86%	43.46%	34.65%	34.46%	28.63%

注：1/1 表明上限是 1 倍，下限也是 1 倍，这就是成本平均策略定投；∞/－∞，上限为无穷大，下限为负无穷大，就是经典的价值平均策略；而 5/－5 就是上限为 5 倍，下限为负 5 倍，所谓负 5 倍，就是在大涨的情况下最多赎回起始金额 5 倍的标的。其他的以此类推。

表 12－2　设定阈值后价值平均策略定投收益对比（累计盈利）　单位：元

时间	1/1	∞/－∞	5/－5	5/0	4/－4	4/0	3/－3	3/0	2/－2	2/0	1/－1	1/0
2008－12－31	－1918	－1350	－1350	－1362	－1350	－1362	－1356	－1365	－1389	－1391	－1396	－1393
2009－12－31	117710	100288	99361	102232	99150	101793	98943	100946	98005	99071	92324	93314
2010－12－31	69981	76850	77904	76551	78551	76491	79210	76826	77003	74902	62158	62233
2011－12－30	－131620	－120225	－121176	－124967	－120135	－125208	－117767	－124204	－117133	－120882	－107853	－109442
2012－12－31	－70772	－34255	－34553	－33980	－35537	－35960	－36125	－40026	－39280	－42809	－54158	－55371
2013－12－31	－154744	－100857	－103033	－118824	－104711	－121437	－108010	－124910	－116805	－127807	－130342	－131965
2014－12－31	548612	555186	609433	684747	611396	681849	611096	678179	609781	671554	519692	522994
2015－12－31	655975	752084	798347	813742	792462	810769	777261	806956	753906	799743	640569	629878
2016－12－30	389777	591344	633677	538541	623960	535729	605743	532220	571245	526262	443176	410806
2017－12－29	936606	1020784	1059938	1009785	1049686	1006697	1031227	1002667	995807	994561	860856	847584
2018－9－28	454616	681151	714359	628999	703894	624880	688314	619830	657507	612053	525622	486569

不管是收益率还是盈利的绝对值，比较好的结果都集中在∞/－∞、5/－5、5/0 等几个阈值上。∞/－∞这个策略实际上不可取，我们每个人可以根据自己对将来的现金流估算，选取符合自己需求的阈值。符合自己的才是最好的。有限价值平均策略只不过给出了一个方向，最终还是要取决于每个人将来的现金流的实际情况。没有最好的，只有最适合自己的。

本章小结

设置了阈值的有限价值平均策略更适合 A 股的基金定投。

第十三章

抗通胀的策略修正

第一节　通胀的影响

有限价值平均策略定投就是完美的吗？我们来思考一个问题，今天的 100 元，和 10 年前的 100 元，价值一样吗？当然不一样，这就涉及一个货币贬值的问题。我们先来看看国家公布的 CPI 指数，CPI 是居民消费价格指数（Consumer Price Index）的简称。居民消费价格指数，是一个反映居民家庭一般所购买的消费品和服务项目价格水平变动情况的宏观经济指标。除了 1994—1996 年涨幅特别大外，最近 10 年、20 年的年平均涨幅都在 3% 以下。

表 13-1　中国 CPI 涨幅

年份	CPI	年涨幅
1994-12-31	125.50	25.50%
1995-12-31	110.10	10.10%
1996-12-31	107.00	7.00%
1997-12-31	100.40	0.40%
1998-12-31	99.20	-0.80%
1999-12-31	98.60	-1.40%
2000-12-31	101.50	1.50%
2001-12-31	99.70	-0.30%
2002-12-31	99.60	-0.40%
2003-12-31	103.20	3.20%
2004-12-31	102.40	2.40%
2005-12-31	101.60	1.60%
2006-12-31	102.80	2.80%
2007-12-31	106.50	6.50%
2008-12-31	101.20	1.20%
2009-12-31	101.90	1.90%

续表

年份	CPI	年涨幅
2010-12-31	104.60	4.60%
2011-12-31	104.07	4.07%
2012-12-31	102.52	2.52%
2013-12-31	102.50	2.50%
2014-12-31	101.51	1.51%
2015-12-31	101.64	1.64%
2016-12-31	102.08	2.08%
2017-12-31	101.80	1.80%
2018-8-31	102.30	2.30%

另外，随着在职时间的增长，人们的工薪也会增长，定投的金额可能也需要逐步在定投计划中增加。

第二节　每年增加一个增长率

基于以上考虑，我们在原有的有限价值平均策略的基础上，可以设定一个增量，每月增加一定的百分比，用来自动增加每月的定投额，当然这个值不宜过大。

我们再来看一个例子，用的是5/0方案，即上限最大5倍，下限最多停止当月定投。分别对应每月增长0.1%、0.2%、0.3%这3种情况。增长率越大，反而总收益率越小，如表13-2所示。这是正常的，因为你后面投的资金的时间短。对比一下盈利的绝对值就可以知道，当你用的增长率越大，虽然收益率会下降，但盈利的绝对值在提升，如表13-3所示。当然，如果出现亏损，亏损额也会增加。

表13-2　5/0方案定投收益率对比

时间	1/1	0.00%	0.10%	0.20%	0.30%
2008-12-31	-3.09%	-2.17%	-2.22%	-2.26%	-2.31%
2009-12-31	38.47%	46.40%	42.45%	38.30%	34.31%
2010-12-31	12.77%	15.89%	13.17%	10.95%	8.92%
2011-12-30	-16.62%	-13.57%	-15.53%	-17.23%	-18.72%
2012-12-31	-6.84%	-2.75%	-3.37%	-4.95%	-6.88%
2013-12-31	-12.16%	-8.43%	-8.31%	-10.04%	-11.61%

续表

时间	1/1	0.00%	0.10%	0.20%	0.30%
2014-12-31	36.14%	42.12%	43.73%	39.73%	37.54%
2015-12-31	37.23%	50.06%	51.52%	38.40%	37.09%
2016-12-30	19.43%	33.13%	26.27%	19.71%	18.90%
2017-12-29	41.63%	62.12%	45.86%	41.07%	40.46%
2018-9-28	18.69%	33.20%	20.74%	17.82%	17.47%

表 13-3　5/0 方案定投盈利额对比　　单位：元

时间	1/1	0.00%	0.10%	0.20%	0.30%
2008-12-31	-1918	-1362	-1438	-1518	-1603
2009-12-31	117710	102232	110997	120512	131704
2010-12-31	69981	76551	85309	96915	109135
2011-12-30	-131620	-124967	-209621	-328708	-454286
2012-12-31	-70772	-33980	-69929	-154656	-250481
2013-12-31	-154744	-118824	-224651	-432781	-560998
2014-12-31	548612	684747	1495854	2199704	2273576
2015-12-31	655975	813742	1775276	2593086	2698567
2016-12-30	389777	538541	1220566	1571724	1606142
2017-12-29	936606	1009785	2624432	3775671	3931775
2018-9-28	454616	628999	1351627	1801188	1857348

本章小结

考虑了通胀，随着时间推移逐步增加定投基准金额，能更好地满足成长的需求。

第十四章

赎回后的处理

第一节　赎回后的处理方法

前面我们讨论了各种赎回的条件。那么，赎回后我们还需要继续定投吗？赎回后的现金怎么处理好呢？

一般来说，有以下几种处理方法：

第一，每月的增量资金继续定投，赎回的存量资金可以买一些固收类的产品，如货币基金、债券、分级 A 等。这种方法一般用于股市高估的情况下。

第二，把赎回后的存量资金分成若干份，加上每月的增量资金做个定投。例如，你计划 5 年定投，赎回金额 6 万元，那么平均每月定投为 1000 元，如果考虑每月的增量资金是 1000 元，那么第二期定投可以选择每月 2000 元，多余下来的存量资金可以买入一些固收类的产品。这种方法一般用于股市还不是那么高估的情况。

第二节　不同阈值清仓定投的例子

中国股市指数时间最长的只有上证指数，从 1990 年开始到 2018 年有 28 年了。我们假定每月最后一个交易日定投上证指数，从 1990 年 12

月 31 日到 2018 年 9 月 28 日，累计收益率是 161.21%，年化收益率是 6.25%，比存银行好多了。

表 14－1　资金赎回后继续定投的策略

日期	成本平均策略	100%止盈	200%止盈	300%止盈	400%止盈	500%止盈
1991－12－31	101.60%	101.60%	101.60%	101.60%	101.60%	101.60%
1992－12－31	242.87%	180.01%	603.88%	603.88%	603.88%	603.88%
1993－12－31	172.84%	112.89%	563.21%	563.21%	563.21%	563.21%
1994－12－30	85.12%	57.05%	327.24%	327.24%	327.24%	327.24%
1995－12－29	44.13%	28.04%	221.03%	221.03%	221.03%	221.03%
1996－12－31	120.15%	67.55%	217.66%	217.66%	217.66%	217.66%
1997－12－31	160.63%	87.63%	210.45%	210.45%	210.45%	210.45%
1998－12－31	130.40%	67.59%	171.51%	171.51%	171.51%	171.51%
1999－12－30	155.51%	126.93%	172.30%	172.30%	172.30%	172.30%
2000－12－29	260.34%	131.71%	225.97%	225.97%	225.97%	225.97%
2001－12－31	167.68%	124.40%	158.92%	158.92%	158.92%	158.92%
2002－12－31	109.55%	116.90%	115.67%	115.67%	115.67%	115.67%
2003－12－31	121.21%	121.25%	118.46%	118.46%	118.46%	118.46%
2004－12－31	79.91%	110.50%	87.43%	87.43%	87.43%	87.43%
2005－12－30	60.68%	105.63%	71.86%	71.86%	71.86%	71.86%
2006－12－29	258.14%	195.78%	203.97%	203.97%	203.97%	203.97%
2007－12－28	570.95%	223.33%	304.94%	420.08%	480.40%	414.76%
2008－12－31	122.82%	212.09%	299.63%	416.63%	477.65%	105.08%
2009－12－31	286.76%	225.34%	306.27%	422.38%	483.06%	216.35%
2010－12－31	219.82%	219.88%	303.51%	419.92%	480.72%	168.43%
2011－12－30	142.49%	207.68%	297.30%	414.15%	475.12%	113.18%
2012－12－31	143.50%	209.58%	298.27%	415.07%	476.02%	112.93%
2013－12－31	121.40%	205.01%	295.93%	412.86%	473.86%	96.50%
2014－12－31	230.55%	248.34%	318.16%	434.03%	494.59%	173.58%
2015－12－31	251.17%	230.11%	324.20%	439.79%	500.23%	187.39%
2016－12－30	200.09%	191.92%	314.89%	430.90%	491.52%	150.26%
2017－12－29	211.71%	181.00%	319.96%	435.75%	496.28%	158.02%
2018－9－28	161.21%	151.91%	306.79%	423.12%	483.88%	121.23%

如果我们设定总收益率到 100%～500% 为阈值，也就是止盈清仓后下个月重新开始定投，如表 14－1 所示，如果把 100% 和 500% 作为清仓止盈的条件，那么最终到 2018 年 9 月 28 日的收益率分别才是 151.91% 和 121.23%，还不如最简单的一直不止盈的定投策略的 161.21%，只有 400% 清仓止盈似乎是最佳的，这个 400% 清仓阈值的条件和前面我们讨论的 100% 的差异甚大。之所以出现这样的差异，应该和我们的起始日期有关，在这个例子中，我们是从 1990 年开始的，当时是中国股市的初创期，指数大幅度增长的情况比比皆是，所以清仓

阈值定得比较高，能充分享受股市初期的高成长。但过了这个时期，如果还是用很高的阈值就会刻舟求剑。

如果你觉得将来中国股市真的会慢慢地步入长期的慢牛，那么任何止盈的方式都不需要，只要傻傻地定投，等你需要用钱的时候取出来就可以了。让我们一起期望这个时刻的到来。

本章小结

赎回后的资金除了有大的支出外，可以按照目标把资金分成若干份继续定投，其余的资金买债券、货币基金等固收类品种。

第十五章

定投实战案例

第一节 成本平均策略

前面我们讲的都是用指数来做定投的例子，实际上指数是不能买卖的，我们只能买卖基金。下面看一个实践中的定投基金的例子：南方稳健（202001）。之所以选这个基金，是因为它是 2001 年成立的第一批开放式基金，有 17 年足够长的数据，截至 2018 年 9 月 28 日，该基金总共分红了 15 次，累计每份分红金额 1.915 元。我们假定都是分红再投。

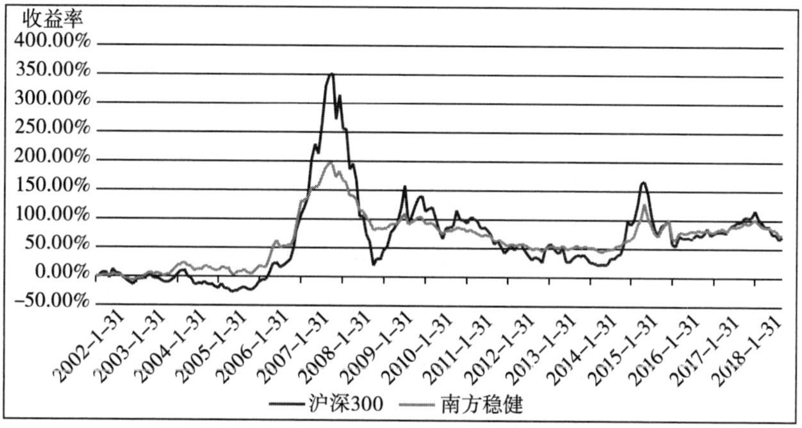

图 15－1 定投沪深 300 与南方稳健收益率对比

我们对比一下南方稳健的定投累计收益率和沪深 300 指数的定投累计收益率，就可以看出，在 2007 年和 2015 年两个牛市高峰，沪深 300

指数的定投累计收益率分别高达350%和170%，但南方稳健基金的定投收益率则低于指数的定投收益率；而在2000—2005年、2011—2014年等熊市阶段，南方稳健的定投收益率则高于指数的收益率。这主要是因为基金的仓位一般不可能满仓。

有人会说，我万一不是从2002年初开始定投，而是从一个高位定投，效果还能这样吗？我们来选取几个高位定投的结果：2007年10月底、2009年7月底、2015年5月底，这是3个相对的高点。

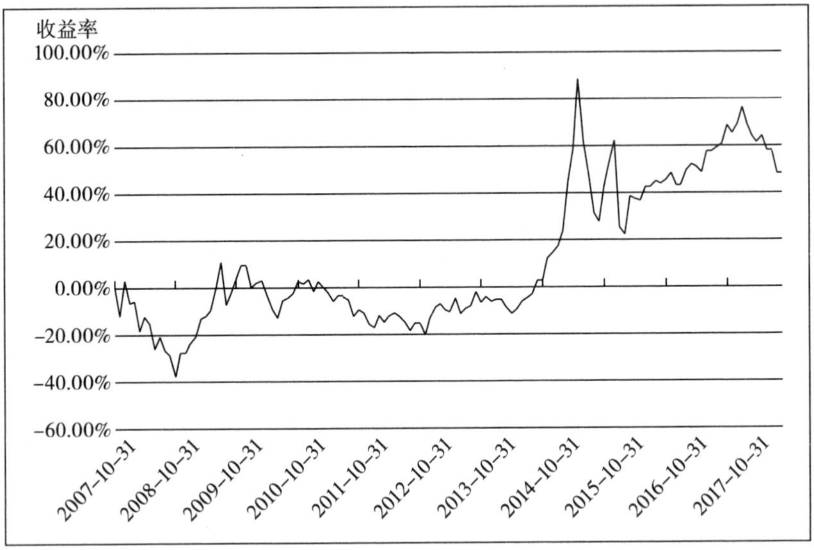

图15-2　高位定投收益率（2007年10月起定投）

如图15-2所示，如果从2007年10月开始定投南方稳健，那么经历了2008年大熊市，定投收益率最多会亏损40%左右，然后一路上扬，即使在2009年的牛市，因为前一年亏损比较大，定投南方稳健最高的收益率也不到20%，然后就好几年一直在盈亏平衡线上浮动，一直到2014年底才有一个大幅度拉起的机会。

如图15-3所示，如果从2009年7月这个高位开始定投南方稳健，一样要经历整整5年的起起伏伏，也是要到2014年底才开始大幅度拉起。

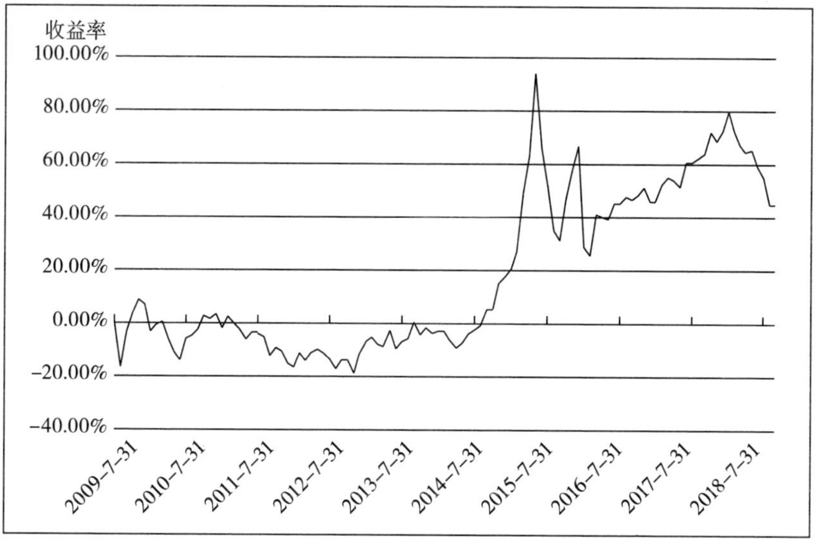

图 15－3　高位定投收益率（2009 年 7 月起定投）

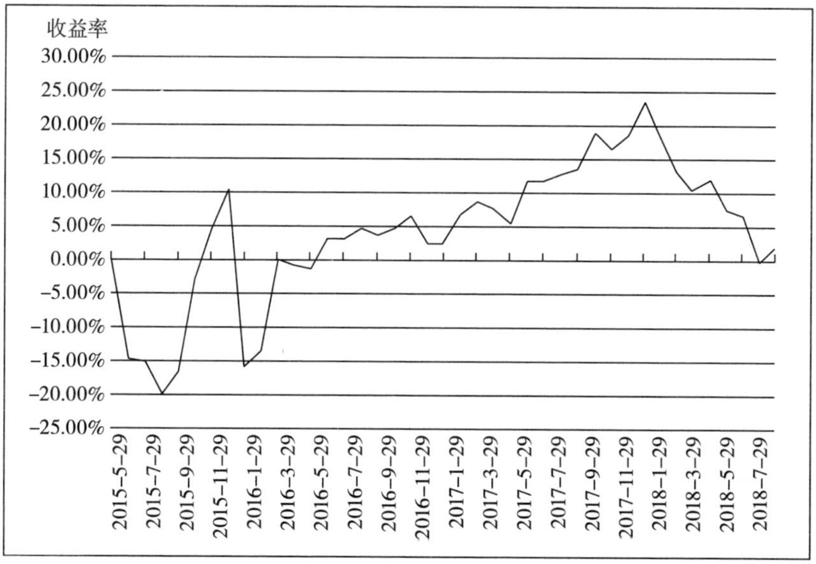

图 15－4　高位定投收益率（2015 年 5 月起定投）

如图 15－4 所示，如果从 2015 年 5 月这个离我们最近的一个牛市高点开始定投南方稳健，那么经过 1 年左右的起起伏伏，定投收益率从 2016 年开始上涨，一直到 2018 年 1 月到达定投收益率的高峰，然后就一路下滑到接近零收益。如果这次从高点开始定投，也复制前两次的行情，那么真正的牛市高峰要到2020—2022年才会来到。

第二节　股债再平衡

定投虽然能减少回撤，降低风险，但在熊市中回撤依然很多。那么，有什么办法可以降低回撤，提高收益呢?

我们来看股债再平衡策略。为了更加有效方便地观察长期效果，我们选用了沪深300指数（000300）和企债指数（000013），从2004年开始到2018年10月12日。2003年12月31日最后一个交易日，企债指数是99.93点，沪深300是1194.74点，到2018年10月12日，企债指数是222.53点，沪深300是3170.73点，分别涨了122.70%和165.39%，年化收益率分别是5.57%和6.83%。如果我们用50%的企债指数和50%的沪深300做组合，中间不做任何操作，那么组合的收益率就是平均值144.04%，年化收益率是6.22%。

但我们可以到每年年底做一次再平衡。什么叫再平衡呢?因为即使我们年初股债的比例是50%∶50%，经过一年的涨跌，由于企债指数和沪深300涨跌不同，所以到了年末不可能还是50%∶50%。那么我们做一次再平衡，就是通过卖出比例超过50%的品种，买入比例低于50%的品种，一年一次强行使得两个品种的价值再次回到50%∶50%，其实质就是高抛低吸。

表 15 -1　股债再平衡定投策略

日期	企债指数	沪深 300	企债年收益率	沪深 300 年收益率	企债累计收益率	沪深 300 累计收益率	不做股债再平衡		沪深 300 比例	企债与沪深 300 的相关度	再平衡年收益率	再平衡累计收益率
							年度收益率	平均累计收益率				
2003 - 12 - 31	99. 93	1194. 74							50. 00%			
2004 - 12 - 31	95. 84	1000. 00	- 4. 09%	- 16. 30%	- 4. 09%	- 16. 30%	- 10. 19%	- 10. 19%	46. 60%	71. 29%	- 10. 19%	- 10. 19%
2005 - 12 - 30	118. 92	923. 45	24. 08%	- 7. 65%	19. 01%	- 22. 71%	9. 29%	- 1. 85%	39. 37%	- 64. 15%	8. 21%	- 2. 82%
2006 - 12 - 29	119. 84	2041. 05	0. 77%	121. 02%	19. 93%	70. 84%	48. 12%	45. 38%	58. 75%	- 31. 52%	60. 90%	56. 37%
2007 - 12 - 28	113. 27	5338. 27	- 5. 49%	161. 55%	13. 35%	346. 81%	92. 65%	180. 08%	79. 76%	- 87. 93%	78. 03%	178. 38%
2008 - 12 - 31	132. 64	1817. 72	17. 11%	- 65. 95%	32. 74%	52. 14%	- 49. 14%	42. 44%	53. 41%	- 82. 55%	- 24. 42%	110. 39%
2009 - 12 - 31	133. 54	3575. 68	0. 68%	96. 71%	33. 64%	199. 29%	51. 97%	116. 46%	69. 13%	- 32. 31%	48. 70%	212. 85%
2010 - 12 - 31	143. 45	3128. 26	7. 42%	- 12. 51%	43. 56%	161. 84%	- 6. 36%	102. 70%	64. 59%	- 43. 68%	- 2. 55%	204. 88%
2011 - 12 - 30	148. 48	2345. 74	3. 50%	- 25. 01%	48. 58%	96. 34%	- 14. 92%	72. 46%	56. 92%	- 58. 18%	- 10. 76%	172. 08%
2012 - 12 - 31	159. 60	2522. 95	7. 49%	7. 55%	59. 72%	111. 17%	7. 53%	85. 45%	56. 94%	- 70. 37%	7. 52%	192. 56%
2013 - 12 - 31	166. 56	2330. 03	4. 36%	- 7. 65%	66. 68%	95. 02%	- 2. 48%	80. 85%	53. 92%	- 68. 58%	- 1. 64%	187. 75%
2014 - 12 - 31	181. 10	3533. 71	8. 73%	51. 66%	81. 24%	195. 77%	31. 88%	138. 50%	62. 01%	75. 33%	30. 20%	274. 63%
2015 - 12 - 31	197. 12	3731. 00	8. 84%	5. 58%	97. 26%	212. 29%	6. 82%	154. 77%	61. 29%	- 23. 35%	7. 21%	301. 66%
2016 - 12 - 30	209. 03	3310. 08	6. 04%	- 11. 28%	109. 18%	177. 05%	- 4. 57%	143. 12%	56. 98%	72. 98%	- 2. 62%	291. 14%
2017 - 12 - 29	213. 49	4030. 85	2. 13%	21. 78%	113. 65%	237. 38%	13. 33%	175. 52%	61. 23%	96. 11%	11. 96%	337. 90%
2018 - 10 - 12	222. 53	3170. 73	4. 24%	- 21. 34%	122. 70%	165. 39%	- 11. 42%	144. 04%	54. 37%	- 94. 74%	- 8. 55%	300. 45%
年化收益率					5. 57%	6. 83%		6. 22%				9. 84%

经过每年一次的再平衡，奇迹发生了，本来为 144. 04% 收益率的组合，变成了 300. 45%，整整提高了一倍！而花费的代价仅仅是一年操作一次再平衡。不仅仅收益率提高，而且回撤也大大降低了，比如在 2008 年，不做再平衡，组合的回撤高达 49. 14%，而再平衡后，回撤仅仅只有 24. 42%，降低了一半！其根本原因，就是在 2007 年底做了一次再平衡，把当年沪深 300 积累的大量收益兑现，卖出沪深 300 后买入了企债指数。所以到了 2008 年回撤就大大降低了。

另外要注意的是，股债再平衡两个品种的相关度越低越好，最好是负相关。我们计算了企债指数和沪深 300 的每年相关度，15 年中只有 2004 年、2014 年、2016 年、2017 年这 4 年是正相关的，其他 11 年都是负相关。大量的年份负相关，为股债平衡建立了基础。如果两个品种一直是正相关，那么再平衡可能效果就不大。

当然，也不是每年能那么凑巧，但是“月盈则亏，水满则溢”的道理是具有普遍性的。长期来看，股债再平衡比较始终不动的配置，会

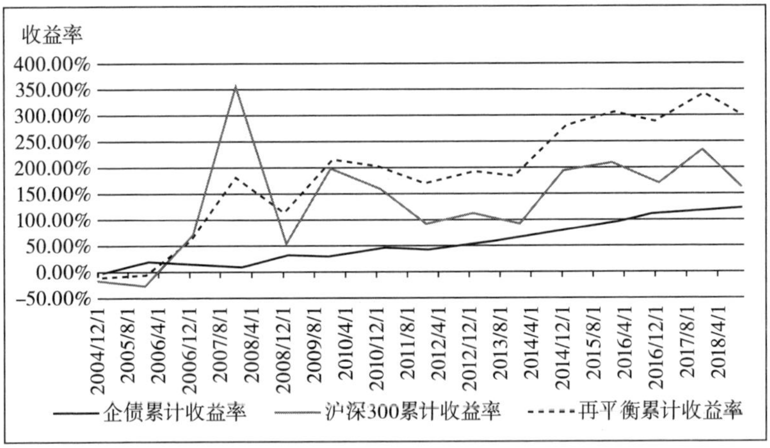

图 15－5　股债再平衡定投收益率

降低回撤、提高收益。至于在定投中如何使用股债再平衡，我们下文再讨论。

第三节　股债再平衡在定投中的应用

股债再平衡在一次投入中分别跑赢了纯债、沪深300以及它们的平均值。那么，如果在定投中采用这个策略，结果会如何呢？

我们从2004年初开始，也是每个月底最后一个交易日分别定投企债指数（000013）、沪深300（000300），截至2018年10月12日，单独定投企债指数的累计收益率是55.10%，单独定投沪深300的累计收益率是44.44%，平均为49.77%；而如果定投时每年年底再平衡一次，2005年反而比股债平均累计收益率跑输了0.51个百分点，2006年略微跑赢了4.74个百分点，到了2007年竟然跑输了16.89个百分点，但到了2008年大熊市，因为在2007年底卖出了部分收益率高的沪深300，买入了企债指数，所以大幅度跑赢了39.27个百分点。

我们从表 15－2 中能看出，其实差异最大的是 2007—2008 年度，正是因为 2007 年沪深 300 大涨，而企债指数大跌，2007 年底的一次再平衡，把很多资金从沪深 300 移到了企债指数上，而 2008 年沪深 300 暴跌，企债指数大涨，才会使股债再平衡大大超越了不做再平衡策略。

未来我们永远很难去预测，再平衡的本质就是高抛低吸，“月盈则亏，水满则溢”，长期来看，这些最朴素的思想还是会大概率起作用。

表 15－2　实践中股债再平衡定投与其他策略的收益率对比

日期	企债定投累计收益率	沪深 300 定投累计收益率	企债和沪深 300 平均累计收益率	股债再平衡定投累计收益率	跑赢（百分点）
2004－12－31	－0.70%	－13.06%	－6.88%	－6.88%	0
2005－12－30	16.26%	－9.82%	3.22%	2.71%	－0.51
2006－12－29	11.50%	85.28%	48.39%	53.13%	4.74
2007－12－28	3.21%	300.11%	151.66%	134.77%	－16.89
2008－12－31	18.64%	22.85%	20.74%	60.01%	39.27
2009－12－31	16.30%	122.70%	69.50%	117.45%	47.95
2010－12－31	21.66%	81.91%	51.78%	96.47%	44.69
2011－12－30	22.98%	29.66%	26.32%	65.03%	38.71
2012－12－31	29.00%	35.64%	32.32%	69.36%	37.04
2013－12－31	31.28%	22.39%	26.83%	59.83%	33.00
2014－12－31	39.27%	82.33%	60.80%	100.75%	39.95
2015－12－31	47.65%	84.71%	66.18%	105.79%	39.61
2016－12－30	52.42%	59.26%	55.84%	92.95%	37.11
2017－12－29	51.81%	87.94%	69.88%	108.16%	38.28
2018－10－12	55.10%	44.44%	49.77%	85.00%	35.23

第四节　估值定投案例

前面我们讨论了估值定投，这里我们再来看一个实际的案例。我们把最常用的宽基指数上证 50、沪深 300、中证 500、中证 1000、创业板指数和表现比较好的 300 价值、基本面 50、国证医药、国证食品等 10 个指数，从 2012 年 10 月底定投到 2018 年 10 月 12 日为止。这里用了 PE 和 ROE 两个财务指标，分别按照每个指数的 PE 和 ROE 排序，PE 是从小到大排序，ROE 是从大到小排序，将 PE 和 ROE 的排名相加，数字最小的选中。在定投的6年中，从2012年10月到2014年5月，选中的是300价值，而从2014年6月到2015年11月，选中的是基本面50，从2015年12月到2018年10月，选中的品种又回到300价值。

表15－3　估值定投收益率对比

日期	上证50	沪深300	中证1000	300价值	创业板指	国证医药	国证食品	中证500	基本面50	估值定投
2012－12－31	12.36%	9.94%	6.06%	12.86%	6.95%	2.37%	－0.54%	6.57%	12.12%	12.86%
2013－12－31	－6.66%	－2.69%	17.23%	－4.34%	38.34%	10.53%	－2.42%	9.85%	－5.41%	－4.34%
2014－12－31	56.14%	48.30%	38.91%	56.80%	32.72%	10.90%	14.34%	39.91%	68.23%	59.52%
2015－12－31	30.90%	38.64%	105.72%	44.82%	104.55%	51.59%	29.95%	71.13%	53.25%	46.95%
2016－12－30	19.47%	18.41%	49.77%	30.42%	34.94%	25.39%	30.13%	31.82%	43.97%	34.51%
2017－12－29	42.17%	37.59%	17.63%	61.32%	15.81%	38.18%	88.88%	25.39%	68.22%	63.52%
2018－10－12	17.50%	5.32%	－25.39%	31.79%	－16.80%	13.58%	55.65%	－14.98%	41.41%	34.57%

从表15－3中定投累计收益率可以看到，虽然估值定投除了2012年第1年外，其他年份的累计收益率都不是最高的，但和最高的品种比相差不大，而且远远大于这10个品种的平均值。这10个品种中，从2012年10月定投到2018年10月，中证500、中证1000、创业板指数这3个品种定投累计收益率已经亏损，而超过估值定投的也只有国证食品和基本面50两个品种。

将来哪个品种涨得多是很难预测的，但用这种PE和ROE估值的方法，长期来看能获得超过平均值的收益，是一个不错的策略。300价值指数对应的基金有银河沪深300价值（519671）和申万沪深300（310398），而基本面50指数对应的基金有嘉实基本面50（160716），都是不错的选择。

第五节　均线定投实例

下面我们再来讨论一个多指数基金均线轮动定投的实际案例。

表 15－4　天弘基金的部分产品

基金代码	基金名称	跟踪指数代码	指数名称
000961	沪深 300A	000300	沪深 300
000962	中证 500A	000905	中证 500
001548	上证 50A	000016	上证 50
001550	医药 100A	000978	医药 100
001552	证券保险 A	H30588	中证证保
001588	中证 800A	000906	中证 800
001592	创业板 A	399006	创业板指数
001594	银行 A	399986	中证银行
001617	电子 A	930652	中证电子
001629	计算机 A	930651	中证计算机
001631	食品饮料 A	930653	食品饮料

天弘基金目前推出了 11 只宽基及行业/主题指数基金，如表 15－4 所示，是目前基金公司中数量较多、品种较全的，而且 A 类基金持有 30 天后赎回费率 0.05%，C 类基金销售服务费一年才 0.25%，均是行业里比较低的。对定投这种长期持有的模式来说，建议采用 A 类基金。

但目前指数基金的历史数据还是太少，为了更好地回测，我们找到了对应的 11 个指数。我们先看一下这 11 个指数的成本平均策略定投的结果，如表 15－5 所示。虽然前文说过，每天定投长期来看和每月定投的效果差异不大，但为了避免一些极端值，我们还是假定每天定投 100 元，从 2010 年 1 月 4 日开始定投到 2018 年 10 月 12 日。各指数收益率高点和低点出现的时间各不相同。收益率的高点，一般都出现在 2015 年的 6 月，最高是创业板的 293.50%，最低也有食品饮料的 81.29%。但最低收益率一般都出现在 2012 年的 1 月，包括创业板、中证证保、中证医药，其次出现在 2012 年的 12 月，包括沪深 300、中证 500、中证 800、中证计算机等，其他低点有上证 50 出现在 2014 年 3 月，中证银行在 2012 年 9 月，食品饮料出现在 2014 年 6 月，中证电子因过去一大段时间数据缺失，低点出现在最近的 2018 年 10 月。

表 15－5　11 个指数采用成本平均策略定投

代码	000016	000300	000905	000906	399006	399986	930653	H30588	000978	930651	930652
名称	上证 50	沪深 300	中证 500	中证 800	创业板指数	中证银行	食品饮料	中证证保	中证医药	中证计算机	中证电子
最大收益率	89.40%	100.27%	179.39%	118.90%	293.50%	84.32%	81.29%	170.25%	182.67%	188.09%	26.29%
最小收益率	-22.24%	-24.08%	-32.42%	-26.21%	-33.53%	-19.75%	-18.23%	-37.71%	-27.65%	-31.26%	-30.60%
大于 0 天数	1057	1126	1348	1182	1518	1209	1489	1037	1695	1427	296
亏损天数	1075	1006	784	950	515	923	643	1095	436	705	522
盈利天数比	50%	53%	63%	55%	75%	57%	70%	49%	80%	67%	36%

为了避免在市场走强时可能所有的指数都无法选出的现象，我们用了 2 年均线，还是均线下的 BIAS 值最偏离均线的那个指数选中，和 11 只指数的普通定投做比较，从图 15－6 我们可以看到，大部分时间是均线轮动定投超过普通的成本平均定投的平均收益率。

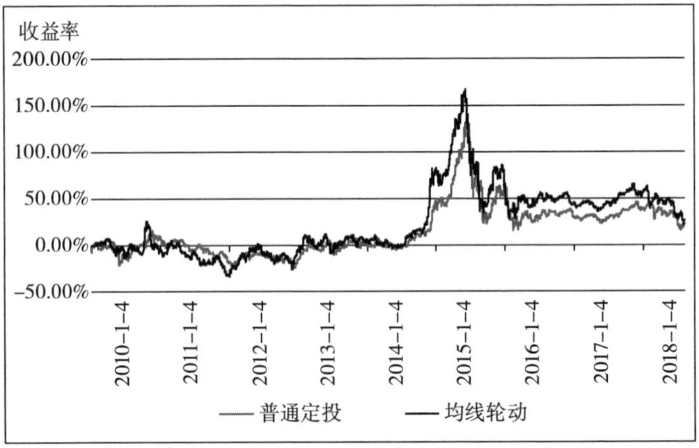

图 15－6　均线轮动定投与普通定投收益率对比

我们再看一下多指数基金均线轮动定投在定投期间每个月的收益率和盈利情况，如表 15－6 所示，最差的是从 2010 年开始定投了将近 3 年，结果整体亏损了 24.69%，亏损总额是 15553 元；最好的情况是 2015 年 5 月，收益率高达 144.03%，整体盈利了 157998 元。

表 15－6　多指数基金均线轮动定投在定投期间每个月的收益率和盈利

累计收益率	2010 年	2011 年	2012 年	2013 年	2014 年	2015 年	2016 年	2017 年	2018 年
1 月	0.00%	－7.23%	－23.50%	4.67%	5.46%	67.77%	34.02%	42.48%	56.07%
2 月	2.96%	3.15%	－15.43%	9.26%	3.32%	79.23%	28.90%	45.19%	47.94%
3 月	6.42%	－2.19%	－16.89%	－1.57%	－1.28%	102.52%	50.73%	43.68%	48.08%
4 月	－2.69%	－5.79%	－6.54%	－0.18%	－0.31%	130.93%	45.70%	40.64%	43.05%
5 月	－6.63%	－9.74%	0.85%	10.81%	－0.76%	144.03%	47.41%	39.47%	45.00%
6 月	－12.83%	－8.30%	－7.11%	－7.81%	0.31%	114.96%	50.18%	46.14%	32.85%
7 月	0.59%	－13.51%	－11.91%	－1.49%	8.82%	78.51%	48.57%	47.19%	31.78%
8 月	－4.74%	－18.34%	－19.46%	2.49%	9.91%	46.75%	52.15%	53.79%	22.53%
9 月	－8.49%	－20.22%	－10.81%	8.49%	16.87%	41.56%	47.37%	55.14%	24.96%
10 月	18.62%	－13.42%	－13.90%	2.81%	18.00%	61.86%	51.47%	58.85%	12.26%
11 月	－3.86%	－24.31%	－24.69%	8.85%	38.75%	71.01%	55.56%	53.97%	
12 月	－6.12%	－31.08%	－4.67%	6.62%	78.80%	78.79%	43.54%	53.56%	
累计盈利（元）	2010 年	2011 年	2012 年	2013 年	2014 年	2015 年	2016 年	2017 年	2018 年
1 月	0	－1330	－9939	3134	4965	74348	41779	62439	96336
2 月	3	626	－6850	6352	3077	86919	35955	67245	83075
3 月	6	－486	－7870	－1109	－1209	112461	64269	66006	84377
4 月	－3	－1394	－3161	－128	－298	143631	58816	62134	76327
5 月	－139	－2551	427	8073	－749	157998	62006	61133	80782
6 月	－513	－2350	－3732	－5965	309	127372	66644	72483	59622
7 月	37	－4108	－6513	－1169	9092	88790	65526	75121	58387
8 月	－398	－5996	－11092	2017	10426	53854	71546	86878	41907
9 月	－875	－7037	－6380	7028	18054	48706	65943	90206	46892
10 月	2215	－4886	－8448	2374	19587	73555	72475	97287	23100
11 月	－544	－9384	－15553	7677	42507	85208	79453	90397	
12 月	－1004	－12680	－3042	5887	86448	95176	63221	90832	

回测并不是凑个好看的数据，即使是比较理想的方案，依然会出现定投近 3 年亏损 1/4 的情况。即使遇到了 2015 年的大牛市，如果不止盈，收益率依然会从 144.03% 下降到 2018 年 10 月 12 日的 12.26%，盈利金额从 157998 元缩水到 23100 元，整整 13 万元从空气中消失了。即使知道 2015 年 5 月大牛市要止盈，但下一次也不会一模一样。未来的情况是，不是止盈早了就是止盈晚了，这肯定是常态。

截至 2018 年 10 月 12 日，2 年均线 BIAS 的最小值是中证电子的 －31.00%，其次是创业板指数的 －29.65%、中证 500 的 －29.26%，偏离最少的食品饮料也有 －1.94%。也就是说，即使是食品饮料，现在的价格也在 2 年平均成本之下。虽然目前指数已经下跌很多了，但依然不能保证一定上涨，均线定投是基于坚信跌多了一定会反弹，但到底跌多少永远是一个谜。

第六节　价值平均策略定投

蛋卷基金的智能定投，其实就是一个一次设定后，自动计算、自动扣款的价值平均策略定投方案。下面结合 2018 年 8 月的蛋卷 App 版本，与大家分享一下。

第一步，下载安装蛋卷 App 后，在“请输入基金简介/代码/蛋卷组合”中输入基金代码，如易方达消费行业的代码 110022，点击后显示如图 15 –7 所示。

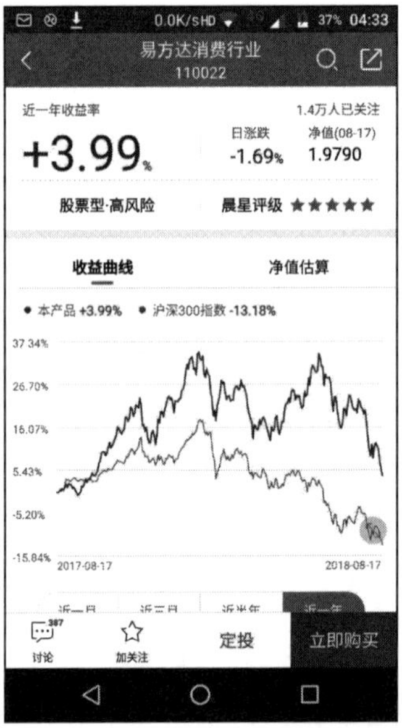

图 15 –7　蛋卷基金定投页面

第二步，点击下面的“定投”后出现“普通定投”和“智能定投”的选项，并把近 1 年（或者近 3 年）的定投收益率显示出来，如

图15－8 所示。

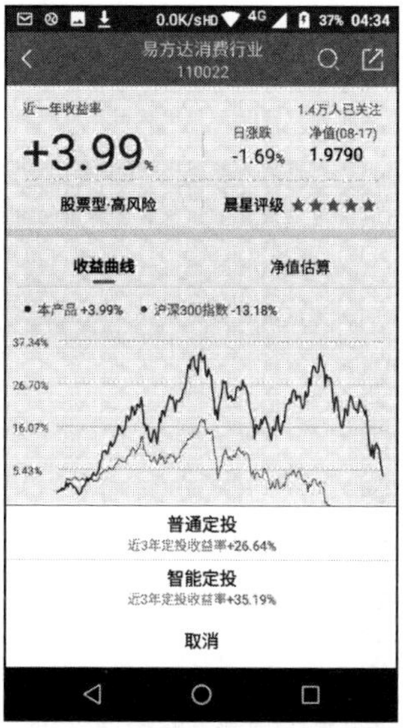

图 15－8　蛋卷基金定投页面

第三步，选择智能定投后出现资金来源选项：选择资金来源可以是蛋卷的“现金宝”或者你关联的银行卡，推荐使用“现金宝”，因为这样还可以获得年化4%左右的货币基金的收益。在定投方案中有两个选项“上涨少投，下跌多投”和“上涨固定、下跌多投”，推荐使用“上涨少投、下跌多投”，因为根据笔者的回测，在一般情况下收益率会更高。定投周期有“每月”“每周”“每两周”3 种，长期定投差异不大，一般选择每个月的发薪日期就可以了，长期来看选择哪天收益率差异也不大。“立即买入一笔”一般可以不选。然后在“我已阅读并同意《蛋卷基金智能定投服务协议》”上打钩，之后按下“确定定投”，就万事大吉了。

这次系统升级增加了“高级设置”，如图 15－9 所示，高级设置目前有两项内容，第一项是最高扣款金额，过去是设定了固定的 5 倍，这次改成可以由网友自行选择 2～10 倍。不过按照我回测的经验，这个设置一定要考虑自己的承受能力，一般而言，虽然倍数越高，收益率会越高，但最高扣款金额务必考虑自己未来现金流的状况，避免将来出现无法扣款的情况。

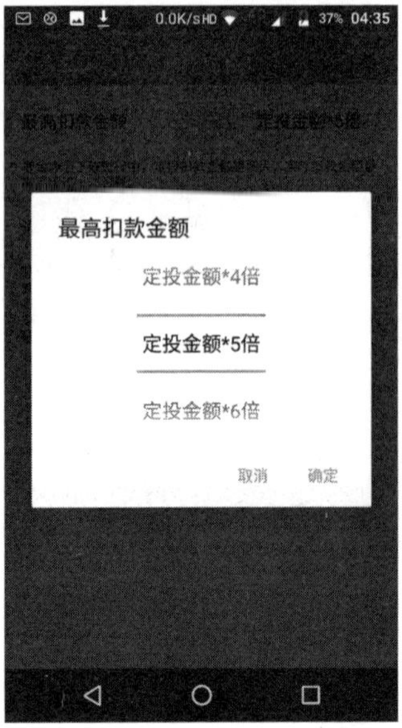

图 15－9　高级设置选项页面

高级设置的另外一项内容是考虑了通货膨胀率，可以选择的通货膨胀率是 0%～10%，默认值是 0%，计算公式为：每期实际扣款金额＝定投基准金额×POW［（1＋通货膨胀率/365），（当前日期－首次定投实际日期）］×定投期数－已定投基金份额最新市值。和最高扣款金额的倍数类似，设置通货膨胀率的实质是在其他条件不变时，每次逐步增加了定投金额。比如你设定 4%，那么如果第一个月定 1000 元，1 年后定投金额将增加到 1040 元。如表 15－7 所示。

表 15－7　扣款金额设置

定投期	日期	扣款金额	累计金额
1	2015－7－31	1000.00	1000.00
2	2015－8－31	1003.40	2003.40
3	2015－9－30	1006.71	3010.11
4	2015－10－30	1010.02	4020.13

续表

定投期	日期	扣款金额	累计金额
5	2015－11－30	1013.46	5033.59
6	2015－12－31	1016.91	6050.50
7	2016－1－29	1020.14	7070.64
8	2016－2－29	1023.62	8094.26
9	2016－3－31	1027.10	9121.36
10	2016－4－29	1030.37	10151.73
11	2016－5－31	1033.99	11185.72
12	2016－6－30	1037.39	12223.11
13	2016－7－29	1040.69	13263.80

智能定投采用了有限价值平均策略。所谓有限，就是在大盘经过连续暴跌后，下跌多投的资金也不超过原始定投资金的5倍（最新版本由客户自行设定2～10倍）。比如你设置每月扣1000元，那么即使经过2008年的暴跌，定投额也不超过5000元。

一次设定，智能定投，准备好资金就可以了，高抛低吸都交给蛋卷去处理。

第七节　在定时不定额的定投中如何更好地用足资金

我们用估值定投、均线定投、价值平均策略定投，都可以实现超越成本平均策略的收益。但不知道大家想过没有，在实际定投中，这些定时不定额的定投有个最大的缺陷，就是对绝大部分工薪阶层而言，每个月能用来投资的金额基本上是很稳定的，比如我们每个月平均结余1000元，如果都用来做价值平均策略定投，那肯定是不合适的，因为只要下个月一跌，需要定投的金额就要超过1000元了。如果我们用有限价值平均策略，5倍限制，那么是不是起始定投200元合适呢？显然也不合适，因为不可能在第二个月就需要5倍的资金。

我们先选一个极限情况，从2007年10月的最高点开始定投沪深

300，还是用价值平均策略，5 倍限制，那么最高定投到 2015 年 5 月的最后一个交易日，累计收益率为 76.30%，到 2018 年 10 月 22 日，收益率跌到 36.70%，还算是一个不错的收益率，毕竟是从大牛市的最高点开始定投的，如表 15 - 8 所示。

但关键是我们只算了投入的资金的成本，没计算放在外面的资金的成本。如果全部用上，用最简单的成本平均策略，那么到 2018 年 10 月 22 日，累计定投收益率是 11.58%，显然少了很多，如表 15 - 8 所示。

我们再来看第 3 种情况，起始分配资金，20% 参与 5 倍阈值的价值平均策略，余下的资金全部用于买货币基金，我们假定平均 3%，那么截至 2018 年 10 月 22 日，定投累计收益率为 20.48%，虽然按照比例来说比纯的价值平均策略的 36.70% 收益率要低，但高于一样用上全部资金的成本平均策略的 11.58%。

但这个 20% 还是太保守，经过测算，我们可以用到 60% 的阈值，这样到 2018 年 10 月 22 日，定投累计收益率可以高达 24.68%，不仅高于成本平均策略，而且高于 20% 阈值的价值平均策略，虽然比纯价值平均策略略低，但盈利的绝对值反而更高了，如表 15 - 8 所示。

这 60% 的阈值只不过是在从牛市最高点开始定投的最佳数据，如果现在开始定投，可以设定到 80% 左右，也就是说，如果你平时能结余 1000 元用来定投，那么用 800 元作为价值平均策略定投的起始值，其余的 200 元放在货币基金里。具体来说，如果你用的是蛋卷智能定投，那么 200 元就放在现金宝里，800 元作为蛋卷基金起始定投金额。这样一劳永逸地让蛋卷用智能定投帮你投资，而且不参与智能定投的资金又可以放在 3% 年化收益率的现金宝里，每次定投，系统都会自动从现金宝里扣款，万一出现现金宝的金额不够扣的情况，也就是停止一期的定投，下次还会补上的。一举两得，非常值得一试。

表 15－8　不同策略下定投收益率比较

日期	价值平均策略/5倍限制	成本平均策略	价值平均策略/起始资金20%	价值平均策略/起始资金60%
2007－12－28	3.99%	2.18%	0.76%	1.82%
2008－12－31	－34.21%	－38.51%	－8.55%	－29.21%
2009－12－31	31.86%	23.35%	7.89%	17.00%
2010－12－31	14.42%	6.48%	6.55%	9.84%
2011－12－30	－14.54%	－19.68%	2.15%	－6.58%
2012－12－31	－2.54%	－10.10%	5.90%	1.36%
2013－12－31	－7.24%	－14.86%	6.34%	－0.69%
2014－12－31	38.00%	31.89%	17.20%	28.47%
2015－12－31	48.95%	34.29%	19.88%	33.03%
2016－12－30	39.17%	17.45%	18.89%	26.48%
2017－12－29	64.45%	39.76%	23.69%	37.27%
2018－10－22	36.70%	11.58%	20.48%	24.68%

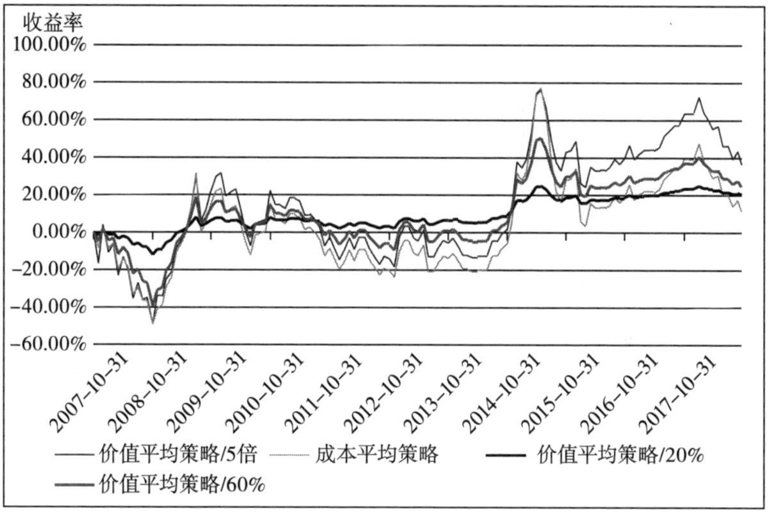

图 15－10　不同策略下定投收益率比较

第八节　智能定投的品种选取

前面介绍的估值定投、均线定投，都是在多品种间切换。而基于价值平均策略的智能定投，则是要选择一个品种进行长期的定投，因此品种的选择至关重要。那么，我们选择哪些品种来长期定投呢？

巴菲特曾经说过他的一个选股原则，就是要选取净资产收益率（ROE）连续10年每年都大于20%的股票，同样，我们也可以用这个标准来选取指数基金。当然，由于中国股市的历史相对比较短，而且ROE这个指标对指数来说比较苛刻，我们回到2014年4月30日，当时ROE最高的是中证银行指数（399986），高达20.32%，而排名第二的是国证食品（399396），18.76%。

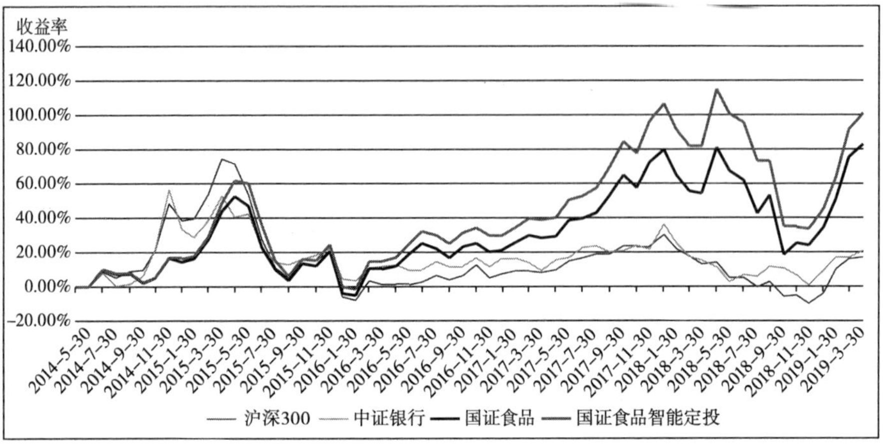

图15－11　5年定投收益率比较（2014年5月30日—2019年5月31日）

我们从图15－11中就可以看出，中证银行经过5年定投后到2019年4月30日，累计收益率为20.84%，高于沪深300的定投收益率16.96%，而第二名国证食品的定投收益率高达82.80%。如果采用蛋卷的智能定投，上限5倍，下限10元的话，那么国证食品的5年定投累计收益率高达100.93%。

为什么在2014年4月底ROE比国证食品高的中证银行的定投收益率不及国证食品呢？我们仔细分析就会看到，从2014年4月开始，中证银行的ROE从20.32%一路下滑到2019年4月的12.63%，而国证食品则相反，ROE从2014年4月的18.76%一路上扬到2019年4月的23.33%，这也再次证明了巴菲特的论断，不管是股票还是基金，长期的收益是和 ROE 正相关的。

有人可能会问一个问题，现在食品饮料的 ROE 最高，但会不会走银行的老路，将来一路下滑？确实，我们很难保证将来食品饮料依旧是 ROE 最高的品种，但分散投资几个相对 ROE 比较高的，如食品、家电、医药、银行等，还是可取的。

当然，用估值定投或者均线定投，不断切换，找到低估或者跌得多的品种来定投是一种方法，缺点是要人工每个月去计算这些数据，对于一般非专业人士有难度，特别是对于工作比较忙的职场人士，长期选择几个稳定而且高 ROE 的品种，用自动的定投软件，可能更加合适。

本章小结

1. 最简单的是成本平均策略。

2. 股债再平衡定投相当于高抛低吸。

3. 多品种的估值定投和均线定投的实质就是买入估值低或者跌得多的，期望将来估值或者价格回归。缺点是都需要手动操作。

4. 蛋卷智能定投是采用了有限价值平均策略的自动定投策略，比较好地兼顾了效果与便利性的自动定投。

5. 在每月基本结余定额的条件下，建议可以用 60% ~80% 的资金参与蛋卷智能定投，其他的都放在货币基金中。

6. 长期定投固定的品种，宜选择稳定的高 ROE 指数基金，如食品、家电、医药、银行等。

第十六章

定投的工具

第一节　如何制作一个定投回测模板

前面讲到的所有定投策略，都涉及一个回测的问题。那么，这些数据是从哪里来的，模板又是怎么建立的？下面我们以沪深 300 指数为例，用通达信系统作为工具，来一步一步地说明其详细过程。

我们假定是在每个月的最后一个交易日定投沪深300，那么只要在通达信上显示月线，注意我们需要从什么时候开始定投，就要把它全部显示在画面上。然后按 3、4 两个键，导出数据，注意选用 Excel 文件格式。

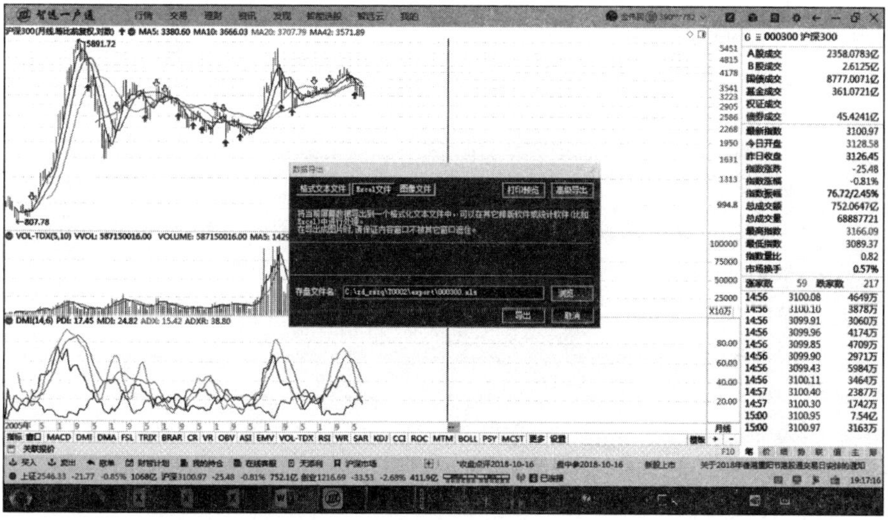

图 16－1　使用通达信导出数据页面

导出到Excel表中的数据，前5列分别是时间、开盘、最高、最低、收盘，我们需要的是时间和收盘这两列。这里特别注意，第1列的时间，是一个字符型数据，而且还有我们看不见的空格，需要用“=trim（A5）+0”做个转换，公式写在B5这个单元格，点住右下角往下一拉就全部改好了。然后用选择性粘贴变成数字，并把格式变成日期型，去掉其他不需要的数据，就只剩下第1列时间，第2列收盘了。

第3列我们计算当月的份额。我们假定每个月定投1000元，那么每个月的份额=1000/当月收盘指数，写完第1个公式后向下复制这个公式。第4列是累计份额，第1个月的累计份额等于当月份额，第2个月的累计份额=上个月的累计份额+当月份额，公式也是一样往下复制。第5列是当月成本，这个比较简单，就是每个月1000元。第6列是累计成本，也很简单，第1个月1000元，第2个月2000元，第3个月3000元，以此类推。第6列是累计的价值，等于累计份额乘以当月的收盘点位。累计价值和累计成本出来了，计算累计收益率就方便了，累计收益率=累计价值/累计成本-1。如果需要做成图形，可以在“插入”里找到合适的图表。

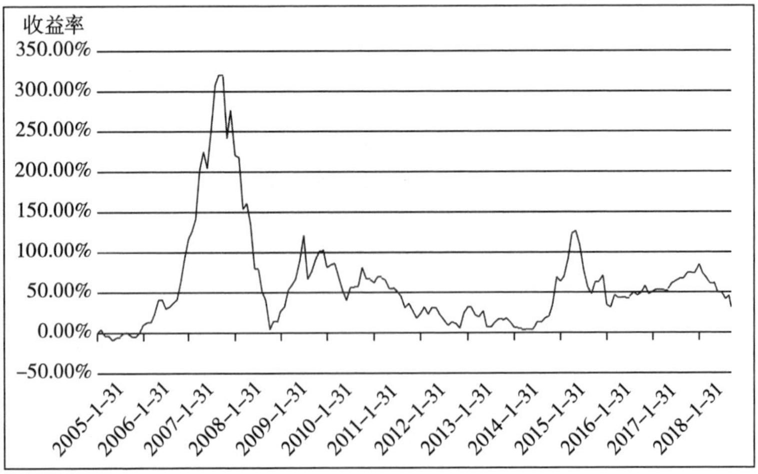

图16-2 累计收益率

为了帮助大家理解，笔者把制作的这个模板放在百度网盘上，读者可以自行下载对比阅读，加深理解。网盘下载地址：https://pan.baidu.com/s/1Crj6lvf1SDHLQDQGVgymsg。

表 16－1　回测数据

时间	收盘	当月份额	累计份额	当月成本	累计成本	累计价值	时间	累计收益率
2005－1－31	954.87	1.0473	1.0473	1000	1000	1000.00	2005－1－31	0.00%
2005－2－28	1039.98	0.9616	2.0088	1000	2000	2089.13	2005－2－28	4.46%
2005－3－31	942.20	1.0613	3.0702	1000	3000	2892.71	2005－3－31	－3.58%
2005－4－29	932.40	1.0725	4.1427	1000	4000	3862.62	2005－4－29	－3.43%
2005－5－31	855.95	1.1683	5.3110	1000	5000	4545.92	2005－5－31	－9.08%
2005－6－30	878.69	1.1381	6.4490	1000	6000	5666.69	2005－6－30	－5.56%
2005－7－29	888.16	1.1259	7.5749	1000	7000	6727.76	2005－7－29	－3.89%
2005－8－31	927.92	1.0777	8.6526	1000	8000	8028.94	2005－8－31	0.36%
2005－9－30	917.39	1.0900	9.7427	1000	9000	8937.83	2005－9－30	－0.69%
2005－10－31	876.28	1.1412	10.8839	1000	10000	9537.31	2005－10－31	－4.63%
2005－11－30	873.83	1.1444	12.0282	1000	11000	10510.64	2005－11－30	－4.45%
2005－12－30	923.45	1.0829	13.1111	1000	12000	12107.48	2005－12－30	0.90%

第二节　通用定投模板

这是一个能用于成本平均策略、价值平均策略，而且能适用通货膨胀的模板。读者可以在百度网盘下载该模板，请对照模板阅读本节内容。模板下载地址：https://pan.baidu.com/s/1－gMDSdyCeBUfGaHmU2bpMA。模板中的黄色部分需要自己输入，其他的都会自动计算。黄色部分又含两个部分，左边3列，第1列是定投日期，第2列是当天收盘点位，或者是基金净值，或者是你买入的价格，第3列是期间的每股分红额。这3部分需要自行填写。右边W2～W7的黄色部分解释如下：

（1）定投金额（W2）：是第一次定投的起始金额。

（2）年通胀率（W3）：是考虑了货币通胀后每年需要追加的资金比例。比如说每个月定投1000元，通胀追加资金比例是3%，那么一年后的定投额是1030元。

（3）定投上限（W4）：是每次定投额的上限，如起始定投金额1000元，股市下跌后不管价值平均策略计算出来的结果如何，这为最高限额。另外，这个限额优先于年通胀率，也就是说如果起始金额1000元，年通胀率3%，如果上限是1000元，那么这个月不增加。

（4）定投下限（W5）：是每次定投额的下限，0为最低，即停止定投；如果是负数，如－5000元，表示最多需要赎回5000元，赎回额不能超过5000元。

（5）清仓阈值（W6）：是一个累计收益率的阈值，超过这个阈值就赎回所有的基金，并从下一期开始重新定投。

这里我们用沪深300指数为例，从2002年初定投到2018年10月17日，每个月月底最后一个交易日定投一次，基本参数如下：

定投金额：1000元

年通胀：3%

定投上限：5000元

定投下限：0

清仓阈值：90%

当清仓阈值为90%时，2007年1月、2015年5月会有两次清仓重新定投的机会。如果把阈值放大到1000%（也就是接近没有阈值），那么我们从图16－3中看到，虽然在2007年1月清仓过早，但按照这个90%阈值清仓，在2007年严重跑输后，到2008年底两者接近，又由于2009年的4万亿元行情导致第二次跑输，但到了2013年又再次接近，直到2015年5月由于及时清仓重新定投，最终90%清仓阈值策略跑赢了不清仓策略。

有一点要特别说明一下：如果你用价值平均策略，那么当天的份额是要根据当天的基金净值来计算的，但收市前无法知道准确的净值，只能估算，所以会和实际值有点误差，不过这个影响微乎其微，况且当月的偏差在下个月定投的时候已经弥补上了。因此，对长期定投来说影响非常小。

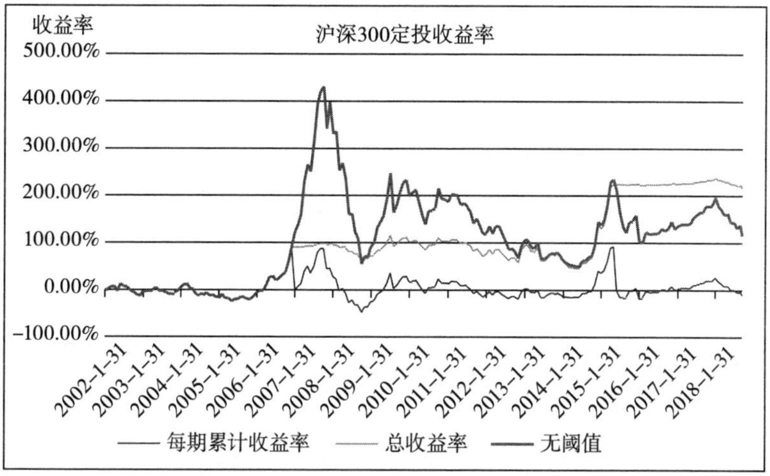

图 16－3 采用通用模板定投

虽然这 90% 阈值是事后的，现在讨论这个问题为时尚早，但高收益率时逐步减仓，第二次从 0 开始重新定投，只要我们的 A 股还是这样熊长牛短，暴涨暴跌，这样的定投策略还是会有效的。

第三节 年化收益率的计算

比较投资收益最常用的指标是收益率，收益率＝[（期末金额－期初金额)/期初金额]×100%。例如，期初金额是 1000 元，期末金额是 1100 元，那么收益率＝[（1100－1000）/1000]×100%＝10%。

但这个收益率有个最大的问题——没有时间概念。是 1 个月赚了 10%，还是 1 年赚了 10%，显然差异很大。不同时间赚取同样的金额是不可比的，所以我们引入“年化收益率”这样一个概念来比较收益。

$$年化收益率 = (1 + 收益率)^{(1/年数)} - 1$$

其中，$年数 = (期末日期 - 期初日期)/365.25$

以上是比较理想的情况，默认从期初到期末。如果其中有资金进出呢？我们一般用 Excel 中的 XIRR 函数来计算，如图 16－4 所示。

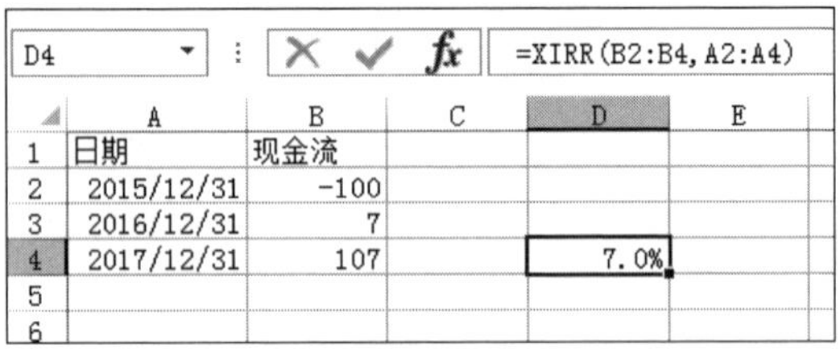
D4 =XIRR(B2:B4,A2:A4)

	A	B	C	D	E
1	日期	现金流			
2	2015/12/31	-100			
3	2016/12/31	7			
4	2017/12/31	107		7.0%	
5					
6					

图 16－4　用 Excel 计算年化收益率

如图 16－4 所示，假定我们在 2015 年 12 月 31 日买入债券 100 元（一般资金流出为负，流入为正），到 2016 年 12 月 31 日获得 7 元利息，到 2017 年 12 月 31 日获得连本带利 107 元，那么用 XIRR 函数计算出年化收益率是 7.0%，其中第一组数据（B2：B4）是现金流，第二组数据（A2：A4）就是现金流对应的日期。

如果这 7 元利息不是在 2016 年 12 月 31 日付息，而是在一年后的 2017 年 12 月 31 日付息呢？那就变成了到期一次付息，这种情况下不用 XIRR 函数也可以计算：$(1+14\%)^{(1/2)}-1=6.77\%$。如果用 XIRR 函数计算，得到的结果也是一样的。这个例子充分说明了资金是有时间价值的。

我们再来看看现在的银行存款利息，因为目前的存款利息在存款期内都是按照单利计算的，所以换算成年化收益率后，存款不到一年的，因为复利而使得年化收益率提高，比如存 3 个月年利息是 1.35%，总利息是 1.35%/4 = 0.34%，而年化收益率 = $(1+0.34\%)^{(1/0.25)}-1=1.36\%$，比名义年利息略高一点；相反，如果超过一年，那么年化收益率会比名义上的年利息低一点，时间越长，低得越多，比如说存款期 3

年和5年的年利息都是2.75%，但3年的年化收益率是2.68%，而5年的年化收益率只有2.61%了。这样看存3年比存5年要合算了。

表16－2　存款利息收益率比较

存款期限	年利息	总利息	年化收益率
3个月	1.35%	0.34%	1.36%
半年	1.55%	0.78%	1.56%
1年	1.75%	1.75%	1.75%
2年	2.25%	4.50%	2.23%
3年	2.75%	8.25%	2.68%
5年	2.75%	13.75%	2.61%

本章小结

1. 手把手教你如何制作一个定投回测模板。
2. 提供了一个通用的定投模板。
3. 年化收益率是评价定投好坏的重要指标。

第十七章

开源节流，做好人生的财富规划

第一节　定投积累“才富”

学校毕业，走上工作岗位，自己开始有了收入。除了满足自己的消费需求外，还应该给自己定一个理财计划，而定投基金就是最好的一个理财计划。

除了定投理财增加个人财富外，对绝大部分打工一族来说，努力工作还是最主要的增加个人财富的途径。追求财富，先要追求“才富”。

我们这里说的“才富”，是一个职场人士的能力积累。在原始社会，身强力壮是最好的能力，但由于原始社会很少有社会分工，当时一个人的寿命又短，所以各方面所需要的能力很难有效地积累。现代社会发展日新月异，有个最主要的原因就是社会分工。我们仔细想一下，现代生活所享受的一切，从最贴近我们生活的衣食住行，无一离不开社会分工。我们每个人为了要穿衣，不可能从种棉花开始；为了要吃饭，不可能从种稻谷开始，这些生产环节都有比我们更专业的人来高效完成。我们只要把自己的工作做得更专业，就能通过社会交换获得我们所需要的财富和物质。

那么，我们怎么样提高自身的“才富”呢？先要从择业开始讲起。什么是好的职业呢？好的职业不是薪水越高越好，而是要和你个人匹配，简单说，就是符合 3 条原则：

第一，天时。所谓天时，就是先选择大的行业，首先这个行业是在发展的行业，如果这个行业本身在萎缩，那么你个人再努力可能都白搭。回顾历史，整个行业在衰落甚至消失的也不在少数。比如说几十年前个人电脑刚刚兴起时的电脑打字机行业，最著名的产品是四通 2401，当年几乎每个单位至少有一部，但后来随着个人电脑的普及和相应的软件的进步，这种 1 万多元的电脑专用打字机就消失了，被通用性更强的个人电脑替代了。如果你当年选择了这个行业，那你的积累可能很快就无效了。反过来，如果你选择的是一个刚刚兴起的行业，就意味着更多的机会。记得笔者在 20 多年前刚进入一家大型的 IT 企业，企业老板给我们上培训课，其他的话我都忘记了，唯独记得一句话。他说："恭喜你们进入了一个高速成长的行业，如果你们在 2 年内没升职到经理，那么在公司的前途基本就这样了。"笔者当时是一个纯技术人员，觉得怎么可能？结果不到 1 年升了经理，不到 2 年升了副总。主要原因并不是笔者有三头六臂，而是当时这个行业在快速崛起，公司的部门在高速裂变，需要大批干部。同样的公司，到了 20 多年后，你要升职就难很多了。

有了好的行业，还必须选择一家好的公司。所谓好公司，笔者被人问到最多的问题就是：选择一家大公司好？还是选择一家小公司好？在笔者看来，是各有利弊，大公司很专业，你在大公司里面会学到很多职场知识，好的大公司还会有不错的职业培训，开扩你的眼界。但因为是大公司，所以你做的岗位职业往往非常窄，比如说大公司往往分销售、品牌、服务等，在销售中还分 2B 和 2C，甚至在 2B 中还要分大客户、中小企业客户，大客户还要按照行业分。如果你是做电信销售的，可能对教育行业一无所知。小公司虽然从资源、名声等都不及大公司，但有个好处，就是可以将你培养成多面手。所以，笔者觉得最好是在大公司和小公司里各干一段时间，点面结合，这样能更好地提升自己的"才富”。

第二，地利。就是选择一个你喜欢的职业。光有一个好的行业和公司还是远远不够的，必须选择一个好的职业，最好的职业不是薪水最高，而是你最喜欢的职业。因为只有你发自内心地喜欢，才会把这个职业做到极致，才能不以8小时上班为限制，比别人做出更多的业绩。而且因为你喜欢做，所以你并不会因为“被工作”而感受到压力，而是会因为感兴趣而产生愉悦感，反过来这种愉悦感会给你进一步的动力。举个例子，很多人都会因为连续工作而感到疲劳，但连续玩游戏、连续看电视相对来说就不那么容易感到疲累，这其中主要的原因就是玩游戏、看电视是大部分人喜欢做的事情。如果你从事的职业也是你喜欢做的，那么你会有无穷无尽的动力。

当然，很多人说我没有喜欢的职业，那还有一个办法，就是在做这个职业的过程中培养你的兴趣。如果你连兴趣都无法培养起来，那你“才富”的提升也不可能很快。

第三，人和。你有能力做。如果你选择了一个好的行业和公司，也选择了一个好的职业岗位，那么你是否有能力去做好？应该这样说，对于一个初次踏上职场的人士来说，能力都是有限的，除非你是职场老手。有些人喜欢某一个职业岗位，但他自己没这方面的能力。那怎么办呢？只有学习。怎么学习呢？大公司有岗位培训，职场老人也会带新人，但这些都是外因，主要还是取决于自己的内因。上班8小时，学习总结是随时随地的。下面笔者谈谈自己当年在职场的一段亲身经历。

开会是很多公司上班的内容之一。在大公司里你会参加很多和自己相关的会议，也会参加一些和自己的工作关系不是那么紧密的会议。如果和自己关系不大，大部分人是在浪费时间，但笔者当年采取了一种积极的方法参加这种会议，收获颇丰。就是每次开会，换位思考扮演两个角色：一个是汇报的，一个是听汇报的。换位自己是作汇报的，首先当然是听懂他在说什么，思考他为什么要说这些，如果是我来作这个汇报，怎么样做才会效果更好。换位自己是听汇报的，想想领导关心的是否和汇报的一致？领导问的问题实质是想了解什么？如果我是领导，我最关心的是什么？日积月累地思考，把这些思考变成了习惯，最后就像你驾驶汽车的动作那样，几乎是条件反射般地去思考这些问题，会对你的“才富”提高帮助很大。

有人说一个职业岗位有“一万小时定理”，即你只要在这个岗位上积累一万小时，就会在这个岗位上比别人做得卓越。但实际上没那么简单，别说一万小时，就是十万小时，推磨的驴子还是一头驴子。只有经过思考总结，这个一万小时定理才会真正起作用。

当然，每个职业岗位有每个职业岗位所需要的能力，但有意识地去积累你的“才富”，那么财富就离你不远了。这个“才富”，比起财富，不仅不会贬值，还可能会增值。当然，这个“才富”也不会一蹴而就，需要一步步靠“定投”去积累。

第二节　说说第二职业

除了我们签约的工作单位外，在业余时间，不和签约单位的利益冲突，通过第二职业增加自己的财富，是无可厚非的。特别是在今天的网络时代，给异地兼职提供了很好的平台。甚至有人给网上工作的人想出一个新的名词：“威客”，英文为 Witkey，由 wit（智慧）和 key（钥匙）两个词组成，意思为 the key of wisdom（智慧的钥匙），指的就是那些通过互联网，用自己的经验、技能、知识为客户提供有偿服务。

高效是互联网服务的一个特征。今天只要你连上互联网，不管你在地球的哪个角落，都能和世界各地的人双向交流信息。在没有互联网的时代，即使你的个人才能再突出，都很难被大家知晓，特别是一些非常小众的才能，如果不是通过网络，更很少有机会让人知晓。

灵活是互联网服务的另一个特质。很多互联网服务都可以通过碎片时间进行，不一定需要一整块时间，也不一定到现场。

但是，不要把互联网兼职简单地理解成我们过去的低端小时工，它是一种借助互联网平台的新型的人力资源服务，能充分发挥劳动者的价值，而且更加符合现在“90后”“00后”自由择职的愿望。我们有理由相信，这样一种形态的工作将来会越来越普遍。

比如说猪八戒网（www. zbj. com），就是在综合类用工网站里知名度比较高的。有专业技能的工作者可以通过个人实名认证，在平台上开设自己的店铺，发布自己的服务简介、价格和成功案例。有需求的用工者发现后，便可联系合作，完成后给出评价。和淘宝等网站一样，也有服务提供者的好评率等参数。一般分为品牌设计、营销传播、IT/软件、知识产权、工商财税、科技服务、法律服务等专业。

另外，通过一些更加专业的网站，发表自己的专业帖子，让大家知道你的才能，比如说笔者经常上的雪球，除了学习别人的帖子外，还可以把自己的经验分享在平台上，让大家了解你的才能。

当然，对有本职工作的人来说，还是要分清楚主业和副业，第一是不要影响主业，第二是对于这个副业，不要只看钱，而是要看你在这个副业中的积累。当然，如果主业和副业互相有促进作用，那就更好了。比如说，你的主业是IT行业，业余时间经常把在这个专业上的一些经验总结并发表在相应专业的网站上，日积月累，你在这个专业上的知名度也会越来越高，而且对本职工作也有很大的帮助。再譬如，笔者退休前从事的是服务管理，平时工作中练就了海量数据的处理能力，把这个能力用在量化投资上，正好是发挥了长处，再加上前几年量化投资刚刚在国内兴起，不断在雪球上发表相关的帖子，3年多就拥有了19万多的“粉丝”。

第三节　如何看待财务自由

如何看待财务自由，先要从马斯洛的需求层次理论说起。马斯洛是美国的心理学家，他在1943年的《人类激励理论》论文中提出了人类的需求像阶梯一样，从低到高按照层次分为5种：生理需求、安全需求、社交需求、尊重需求和自我实现需求。按照马斯洛的理论，在低层次需求没满足的情况下，很难去追求更高层次的需求。比如说在饥饿的生理需求没满足的情况下，就会不顾安全需求去偷抢食物。当然也有相反的情况，比如革命烈士，为了崇高的理想放弃了低层次的需求，甚至献出了宝贵的生命。

追求财富的意义在于满足人的需求，在低层次需求得到基本满足后，人应该去追求更高的需求，这才能实现人生的真正意义。否则，有了财富，只停留在最低层次的生理需求上，人和动物就没什么区别了。

财务自由是指人无须为生活开销而努力为钱工作的状态。简单地说，一个人的资产产生的被动收入至少要等于或超过他的日常开支，如果进入这种状态，就可以称之为财务自由。

笔者曾经从一些最基本的需求开始出发，借鉴围棋的段位搞了个财务自由的九段标准，具体如下。

初段：菜市场自由。在菜市场，自己想买哪种菜就买哪种菜，不看菜的价格。

二段：饭店自由。在饭店吃饭，只要自己愿意，想去哪个饭店就去哪个饭店，不看饭店的价格。

三段：旅游自由。只要自己愿意，想去哪里旅游就去哪里，不看旅游的价格。

四段：汽车自由。只要自己愿意，想买什么车就买什么车，不看车的价格。

五段：学校自由。只要自己愿意，想选择什么学校就读就选择什么学校（这主要可能是为子女），不看学校的学费高低及其他成本。

六段：工作自由。只要自己愿意，想选择什么工作就选择什么工作，没有这个工作就自己创造一个这样的岗位，不计较这个工作是否能赚钱。

七段：看病自由。只要能看好病，不计较医疗费的高低。

八段：房子自由。只要自己愿意，想买什么房子就买什么房子，不计较房价的高低。

九段：国籍自由。只要自己愿意，想选择哪个国家作为自己的国籍，就选择哪个国家，不计较成本高低。

当然，这种划分见智见仁，不一定准确，最主要的还是身心自由，在自己达到了一些生活必需品自由后，回报社会，帮助别人，以此为自由，获得真正的身心自由。

第四节　如何看待定投中的回撤

定投只不过是选定品种后资金分批投入，并不能改变选定品种的涨跌。如果是刚开始定投就遇到暴跌，那么影响不大，因为虽然下跌比例高，但积累的金额不大，后面定投的资金还能平摊成本。但如果定投时间持续很长后遇到暴跌，那么平摊成本的效果就很弱了。我们举个极端的例子来说明这个情况：我们第一个月定投了 1000 元，第二个月下跌 10%，那么第二个月再投入 1000 元，亏损就缩小到 5% 了。但如果前 9

个月定投的时候都没下跌，第 10 个月下跌 10%，那么亏损还是高达 9%。如果你定投 100 个月，也就是 8 年多，前面 99 个月都没涨跌，第 100 个月跌了 10%，那么你再定投一个月，亏损也就是从 10% 降低到 9.9%，微降 0.1%。同样的下跌，如果时间越靠后，对收益的影响就越大。

所以，定投不怕涨不怕跌，就怕长期不涨不跌，然后来一下暴跌。虽然将来有可能涨上去，但浮亏多了，还是会带来不小的心理压力。就像你刚开始定投时，1000 元亏了 10%，就亏了 100 元，不会有什么感觉。如果定投了 8 年多累计 10 万元亏损 10%，就是浮亏 1 万元，同样亏损 10%，但亏损 100 元和亏损 1 万元的感受是不一样的。所以，定投 A 股指数基金一定要考虑止盈，不考虑止盈，很有可能是一场“上上下下的享受”。

当然，我们最好是在低点开始定投。但积累了很长一段时间的定投，再遇到连续下跌，导致浮亏增大，这样的事情一定会在定投中出现。就像你已经定投了好几年，遇到 2018 年特别是 10 月的暴跌，即使前期还有盈利，缩水也是相当严重的。更惨的是，如果是定投日自动定投的还好些，反正自己不用管；手动定投的就要犹豫了，已经缩水了那么多，是不是还要定投？或者，已经下跌那么多了，是不是要等等，等到跌得再多点再去定投？手动定投的弊端就在于此。

如果你采用的是价值平均策略、估值定投、均线定投等定时不定额的策略，那么遇到暴跌，需要定投的金额更加多，这个时候就更加考验人性了。

没有好的办法，遇到这种情况只能修炼自己，严守定投纪律，该定投的还是要定投，该坚持的还是要坚持。定投就像一场修炼，只有做到不以涨喜不以跌悲，才会最终品尝到胜利的果实。

第五节　退休养老，转变思想

工作了30多年，到了退休年龄，正常情况下就要离开原来的工作岗位。退休后的基本收入主要靠退休工资，肯定会比正常上班的少。如果身体好而且原单位续聘，发挥余热确实也不错。如果正式退休，也应该找一些有益的事情去做，否则精神会衰落得很快。另外，特别要注意的是，一些在上班的时候担任管理岗位的干部，退休后会有失落感，过好这一关也是非常重要的。

在投资上，一般退休后每月的现金流减少，所以要把相对激进的投资改成保守，增加固收仓位，减少权益仓位。即使定投，也应该多考虑固收品种。而且随着年龄的增加，更应该不断提高固收的比例。

本章小结

1. 定投自己的“才富”比定投基金更重要。
2. 在满足基本需求后，追求心灵自由比追求财富自由更有意义。
3. 不同的年龄段需要不同的理财模式。